U0931999

村學究語

〔清〕劉鴻典 著
楚豫亭 注譯

古籍書局
THE ANCIENT WORKS BOOK LIMITED

村學究語

作　　者：（清）劉鴻典 著；楚豫亭 注譯

責任編輯：謙　和

裝幀設計：抱一工作室

出　　版：古籍書局有限公司

香港尖沙咀金巴利道 53 號

E-MAIL：qiandedushu@qq.com

發　　行：香港聯合書刊物流有限公司

香港新界荃灣德士古道 220-248 號荃灣工業中心 16 樓

印　　刷：深圳市精一瑞蘭印刷有限公司

廣東省深圳市龍崗區南嶺龍山工業區 25 號 1-3

版　　次：2025 年 4 月第 1 版第 4 次印刷

定　　價：HK$ 68.00　NT$ 278.00

ISBN 978-988-70548-7-0

Published in Hong Kong，China

《村學究語》中的爲師之道

我有一個初中同學，現在算一算，那也是三十六年的老朋友了。他有一次跟我說:「你根本不適合做生意，你就像個老學究。」我當時還不知道學究是什麼，最近讀了一本書很好，叫《村學究語》，學究原來是指私塾老師。村學究，這裡是指作者劉鴻典先生，「先生」是以前對老師的尊稱。他有非常寶貴的教學經驗，能給我們帶來很大的幫助和提醒。《村學究語》這本書要推薦給大家，特別重要。我們要向這位私塾的前輩學習。

也有老師認真地看過這本書,很有收穫。比如一位老師分享他讀「序文」的感受時談到，「序文」有四個部分，總攝了《村學究語》全部的內容。

第一段講到「師道立則善人多」。《禮記·學記》講「建國君民，教學為先」，教育是最重要的事情，師道要樹立起來。後面講到「孔孟而後，代有名儒」，就是孔孟之後，因為有孔孟的教化，中國歷史上每個朝代都有非常多的賢人君子。所以，這就凸顯出孔孟在中國教育史上作出了巨大的貢獻。所以，師道立是因，善人多是果。

劉鴻典先生非常謙虛，他說「代有名儒」這件事情，不是他一個小學老師可以評論的，他們的本分就是要把童蒙教好。「顧訓蒙之事，人皆以為尋常。」這本書的版本最早是清朝同治年間。在那個時代就有這樣一個看法，覺得蒙館的老師很普通，沒覺得太特別。先生引用至聖先師孔老夫子的話，「以蒙養正為聖功」，做好孩童早期教育，是功德非常大的一件事。「蒙師之所繫，豈淺鮮哉？」淺鮮就是少的意思，蒙師對孩童的影響難道很少嗎？可是「世之送子弟者，皆為利祿起見」。

劉鴻典先生那個年代，他看到很多家長送孩子去讀書就是為了利祿。「世之為蒙師者，只以誦讀為功」，當然教書就是讓他多背多讀，只為了得到功名。「夫利祿豈可輕，誦讀豈可少？」那就是重點用在背誦上。「而不從根本培植」，沒有抓住德行的根本，沒有從這個地方下手。「就使才華淹雅」，就是這個孩子的根性很好，學習能力很強，方方面面都很好，可是沒有抓到根本。「幸入仕途，害人愈多，造罪愈大」，就是他考中功名了，但是他的目的是利祿，沒有德行的根基。

老百姓說「當官不為民做主，不如回家賣紅薯」。在官位上面如果沒有去愛護老百姓，因果是很重的。而且為政沒有仁愛心、沒有德行，老百姓會很苦，所以害人越多。歷史的一些奸臣，包括貪官，都有這樣一個很不好的影響，所以造罪越大。「至於學而不成」，如果是沒有考中功名的,「淺則終成蠢物」，輕一點他就沒有辦法成才，「甚則流為匪人」，嚴重一些就會作奸犯科。對於德行跟技能方面，還是要先重德行,先有做人的基礎，然後再學文藝。這是第一段，講到「師道立則善人多」。

第二段講到世風日降。「未必不由蒙師之養正無術」，這個可能跟我們蒙師養正無術有一定的關係，所以才會這樣。接著先生講到清朝特別重視儒家的教育，重視讀書人，「隆學校以育天下之英才」，有國學，「又於民間遍設鄉學」，還有鄉學，「以教貧賤家之子弟，法良意美，前古所未有」，這是從來沒有的一樁事情，也是讚歎當時非常重視教育。後面就講到當時開蒙館特別的興盛,所以很多人覺得自己認識字，就開始辦學了。「而師之名於是濫」，結果冒名做老師的越來越多，「師之品於是淆矣」，老師的品德也良莠不齊了。這是當時的情況。

第三段講到蒙館。「夫人無論賢愚貴賤，未有不望子弟之成」，就是天下所有的父母都希望自己的孩子能夠有所成就；「而憂子弟之敗者」，都擔心自己的孩子不能夠成人，德行、智慧、學問不能夠成就。「豈知子弟成敗之根苗，即伏于蒙館」，雖然大家都是這樣想的，但是並不知道這個成敗的關鍵在哪裡。在於蒙館，童蒙教育的第一所學校。「蒙師得其人」，如果老師選的是有德行、有學問、有智慧的老師，「則子弟有上達之基」，他可以真正地效法聖賢，這一生把他的人生價值和意義都能夠發揮出來，像宋朝的范文正公。還有近代的曾國藩先生，他是曾子的後代，也是清朝的中興之臣，漢人在清朝官做得最大的。「上達」，他可以造福一方、造福國家。「蒙師非其人，則子弟受終身之害」，如果選錯了蒙師，孩子的一生就受害了。「而世顧以蒙師為無足輕重也」，當時的一個社會情況，用現在的話講幼師的工作無關緊要，只是哄一哄小孩子，帶著小孩子玩一玩。但是劉鴻典先生因為自己教書三十多年，他能夠看到其中的重點：「不亦謬乎！」這是一個很偏頗、很錯誤的見地。如果大家所有的觀念都偏掉了，人才就很難出得來。文中載有鄧至先生的故事，他就是盡心盡力地在蒙學的教育上一直護念學生，所以功德也是真的不可思議。

後面一段講到「楊子泣歧路……墨子泣素絲，謂其可以蒼、可以黃也；君子泣蒙館，謂其可以成子弟、可以害子弟也」。在那個時代他也很感慨，真正的君子看到現在的蒙學教育、學校的情況要哭泣了，這裡可以成就學生，也可以害了他們。「予訓蒙數十年」，我訓蒙幾十年，「此中之甘苦備嘗，情偽周知」，因為在那個時代，都有幫學生改作文去騙他的父兄，然後為了得到自己的束脩，或者是自己的名聞，甚至有的都會引誘孩子去賭博，很多這樣的現象。「清夜自思，誠知功不掩過」，到了安靜的夜晚，靜靜地反思一下，功不掩過。「今門人又多訓蒙者」，現在他的學生很多都是做訓蒙的工作，「以為老馬知途」，所以請先生編了這部書。

劉鴻典先生最後講到，「顏曰村學究語」，這個小冊子，「不過鄙儒之管見」，這是我一孔之見，先生非常的謙虛，「抑亦一家之私言也」，也是我的一個個人觀點。「若大雅君子，安取乎此！」真正的大雅君子，可能也不一定能利益到他，這都是先生的謙退之詞。

我們從這位元老師分享的內容感受到劉鴻典先生的心境、修養，他的使命感，「君子泣蒙館，謂其可以成子弟、可以害子弟也」。這些讀書人都是「士不可以不弘毅，任重而道遠」。而他們盡心盡力了，但是都是表達自己功不掩過，這種心境真的都是我們的學處，不求有功，但求無過。我們珍惜劉鴻典先生這麼寶貴的經驗,大家可以抽時間再多去深入，甚至於可以善友為依，依眾靠眾來一起切磋這本書。

《村學究語》裡有一段很重要，在「師宜自重」這個單元提到,《禮記》有云：「師嚴然後道尊。」它首先談「嚴非嚴厲之嚴」，是「端嚴之嚴」，端正自己，是「自重之謂也」。這個跟《論語》很相應，「君子不重則不威」。不是很凶，是道德之威自然流露出來，讓人家「望之儼然，即之也溫，聽其言也厲」。這個自重，假如我們認為是「不嫖不賭，不濫酒，不吸洋煙」，這也是要做到的，但是這是比較淺的。這個自重應該是「顏子四勿之功」，非禮勿視，非禮勿聽，非禮勿言，非禮勿動，是要在這裡下功夫的，「便是儒門戒規」。儒家，這是孔子指導顏回夫子怎麼為仁。

「我輩既讀儒書，即已受孔子戒」，讀儒書的要遵守孔子的教誡，「況身為人師，自當以身作則」。「程子云：聖賢言語」，這段也很重要，聖賢人的教誨，「須句句拉上身來」，去對照我們自己，「方為自重」。自重自愛是不願意自己違背了經教。再講深一點，不願意違背自己的性德。孟子講：「言非禮義，謂之自暴也；吾身不能居仁由義，謂之自棄也。」我們不能隨順我們本有的仁義禮智信，就是自暴自棄。大家現在一想到酗酒、玩通宵、糟蹋自己的身體，這叫自暴自棄，這是淺的。深的，孟子講得好，一言一行符合性德、符合仁義禮智。

《村學究語》講得很精闢，「以之自修」，用這些經典來修養自己，「即以之教人」，前提是自己要先教自己，然後再教人，「方為自重」。所以聖賢言語句句要拉上身來，方為自重。孔子這句「射有似乎君子，失諸正鵠，反求諸其身」，我們什麼時候把這句用上，就不容易發脾氣，就容易冷靜下來了。其實小孩對於父母的轉變、老師的轉變都是特別敏銳的，父母突然從指責變成反省自己，都會震撼孩子的心靈。但是能這麼做，大人要下很大的決心，這個面子要撕掉，這種真誠的行為才出得來；面子撕不掉，人要真誠總是隔一層。

《孟子》說，「自反而縮，雖千萬人吾往矣」，自己反思這是我該做的，再難我都做；「自反而不縮，雖褐寬博，吾不惴焉」，自己想想對不起良心，看到人家都覺得抬不起頭來，不好意思。所以這一關一定要過，勿畏難而退卻。《弟子規》說，「勿畏難，勿輕略」，我們都要知難而上。而且說實在的，境緣無好醜，沒有好醜，沒有難易，好醜難易起於心。《大學》告訴我們：「如保赤子，心誠求之，雖不中不遠矣。」修學要突破自己的性格，退縮也是一種性格，要突破它。《華嚴經》說：「忘失菩提心，修諸善法，是名魔業。」「忘失尚爾，況未發乎？」菩提心是修學的主帥，不能讓它失掉。所以，所有的性格都要調和，不能再耍性格。

《太上感應篇》說「正己化人」，這個化是自然而然，那不是要求來的。對自己的孩子是這樣，對學生也是這樣。我自己感覺，不能改正這個學生的缺點，是因為我沒有正己，才不能化人。經典講得真的很透徹，這不能打折扣的。

《村學究語》在「耐煩為主」這一篇中提到，有私塾老師放著學生沒有教，然後到外面、到鄰里鄉間去給人家勸善，講一些善言善事，看起來是在做好事，但我覺得那是名聞利養的心，夾雜了，夾雜了就不純。《村學究語》這本書，它開解一個義理之後，後面都附上一個歷史故事，裡面有很多觀念會扭轉我們一些心態或者錯誤的觀念。在「師宜自重」這篇裡提到的王文康公，顯然是名垂青史的一位讀書人，他的父親就教私塾，「訓誨童蒙，必盡心力」，他盡心盡力做，「每與同輩論師道曰」，他常常跟這些教書先生談為師之道，「天地君親師，五者並列，師位何等尊重」，老師的身份很尊貴的。「後生以師事我」，小朋友到私塾來了，晚輩後生以我為師，「則終身成敗榮辱，俱我任之」。他看到一個私塾老師對於一個孩童的影響，漢朝大儒說的，「師哉，師哉，童子之命也」，影響他一生的成敗榮辱。「若不盡心竭力」，尤其來到私塾那是三跪九叩拜師的，所以俱我任之，不盡心竭力，「誤人子弟」，不只對不起這個孩子，也對不起人家的父母祖先，「與庸醫殺人等罪」。

這段話給我們的體會是，一個教書的老師，他的態度是這麼負責任，孩子一生興衰繫在自己身上，他怎麼可能不教孩子，自己跑到外面去給人家講善書？不可能的。所以夾雜了名利心，忘了自己的天職，就像傳統文化的老師假如不盡心盡力教自己的孩子，甚至於沒有好好陪伴孩子，常常出去講課，這個都有問題。

王文康公的父親又說，他很歡喜為童子講孝悌故事，這段話很關鍵，他說道，「學者先心術而後文藝，先敦本而後施仁」。「如孝悌有虧，雖才華震世，不足重也。」晚年生了兒子文康公，一路讀書，官至宰相，所以「人謂為善之報云」。鄰里鄉黨都說，這是善有善報。這句話也很值得品味，代表那時候的人都相信因果報應，民心都很仁厚。

「耐煩為主」這篇裡談到了「蒙者，蒙也」，蒙是「物之稚也」，稚是很稚嫩，就好像新芽冒出來了，你要好好護著它，不然它就折斷了，所以「物稚不可不養也」。「聖人以蒙養正為聖功，養之一字最妙」，童蒙養正這個「養」字要掌握得恰到好處，就像東方持國天王彈琵琶，琴弦太緊了容易斷，太松了彈不出曲來。「師過於嚴，則子弟之靈機不發」，父母老師太嚴格了，孩子身心很緊繃，他悟性出不來；「師過於寬，則子弟之放縱尤甚」，太寬了都沒規矩了，這些話我們都要用心去感受。所以「介乎不寬不嚴之間，而使子弟」，寬猛相濟，最後學生子弟「愛其師而不忍離」，不忍離開你，「敬其師」，很恭敬老師，「不敢褻」，他不敢輕慢老師，「斯為善養」。

「古稱嚴父嚴師，謂父師之人品端嚴，可為子弟法則」，父母、老師做榜樣，就是子弟的法則。「後人誤解嚴為嚴厲，遂成人心風俗之害」，誤解了，老師都覺得是要嚴苛、嚴厲了，變成風氣就麻煩了。所以這本書很重要，從這本書我們就能感覺到我們中華兒女的心境是都希望後人好。作者把一生教學的經驗和盤托出來供養後面的人，而且很謙虛。

作者劉鴻典先生，開解義理都是有經典依據的，「《大學》云：為人父，止于慈」，怎麼可以變成嚴苛？「顏子云：夫子循循然善誘人。」我們當老師的，我們的鼻祖是至聖先師孔老夫子，以他老人家為榜樣，他教學生就是循循然善誘人。

「耐煩為主」這一篇最後講道「《文昌功過格》云：酷虐一他人子，百過；誤一他人子，五十過」，這個過失都不小。我們想想，為什麼私塾老師的功德那麼大？把一個學生教成才了，他不是一時的影響而已，連後世子孫都改變了。范仲淹的後代為什麼福報那麼大？范公把他最好的地方拿出來辦學了，多少學生受益了，多少子孫受益了。「准此以推，則人之為蒙師而得過者，可知矣。」列的這些功過格，我們有則改之，無則加勉。

「大抵訓蒙之法，教之誦讀宜耐煩，而不循規矩宜懲戒。先哲云：『有父之嚴，有母之慈，然後可以為人師。』」古人總結了，我們當私塾老師，要有父親的威嚴，道德之威，還要有母親的慈祥，這樣就能寬猛相濟，恩威並施。父親有威嚴，母親很慈愛，老師要同時具備嚴和慈，這個柔軟就表現在時時能體恤學生的狀況，然後可以為人師。「旨哉斯言！」

（節錄自蔡禮旭老師「一條龍師資培訓班」系列講座）

目 錄

一、序

師道立則善人多，孔孟而後，代有名儒，非村學究①所敢議也。村學究以訓蒙②爲事，則所知者訓蒙而已。顧訓蒙之事，人皆以爲尋常。而孔子於《蒙卦》鄭重言之，直以蒙養正爲聖功③。蒙師之所繫，豈淺鮮④哉？無如世之送子弟者，皆爲利祿起見；世之爲蒙師者，只以誦讀爲功。夫利祿豈可輕，誦讀豈可少？而不從根本培植，就使才華淹雅，幸入仕途，害人愈多，造罪愈大；至於學而不成，淺則終成蠢物，甚則流爲匪人。

【注釋】①村學究：舊時指鄉村裏學識淺薄的教書先生。②訓蒙：啟蒙教育，指教育兒童。③聖功：指聖人教化之功。④淺鮮：微薄，淺薄。

【譯文】師道一旦確立，善良的人就會增多。自從孔子、孟子之後，歷代都有著名的儒者，這不是那些學識淺薄的鄉村教書先生所敢妄加評議的。鄉村教書先生以啟蒙教育為職業，因此他們所知道的僅限於啟蒙教育。然而，啟蒙教育這件事，人們都覺得它很尋常。但孔子在《易經》的《蒙卦》中鄭重其事地談論它，直接認為啟蒙教育培養正道是聖人的教化之功。啟蒙教師的責任，難道不重大嗎？無奈世上那些送孩子去讀書的人，都是出於功名利祿的考慮；世上那些做啟蒙教師的人，只把誦讀作為自己的功績。當然，功名利祿不可輕視，誦讀也不能缺少；但如果不從根本上培養孩子，即使孩子才華橫溢，僥倖進入仕途，他們害的人也會更多，造的罪也會更大；至於那些學習不成的人，淺的終究會成為蠢物，嚴重的甚至會淪為壞人。

世風之日降，未必不由蒙師之養正無術，有以致之也。我朝崇儒重士，隆學校以育天下之英才，又於民間遍設鄉學，以教貧賤家之子弟，法良意美，前古所未有也。其餘家自爲學，相沿成習，故凡讀書識字者，皆可開館授徒，皆得以師自任。而師之名於是濫，師之品於是淆矣。

【譯文】世風日漸下降，未必不是因為蒙師在養正教育上缺乏方法技巧，從而導致這樣的結果。我朝尊崇儒學，重視讀書人，興辦學校以培育天下的英才，又在民間廣泛設立鄉學，以教育貧賤家庭的子弟，這樣的制度和意圖都非常好，是前古所未有的。除此之外，還有家庭自設私塾，這樣的風氣相沿成習，所以凡是讀書識字的人，都可以開館授徒，都以師自居。然而這樣一來，師的名號就被泛濫使用，師資的品質也因此混淆不清了。

夫人無論賢愚貴賤，未有不望子弟之成，而憂子弟之敗者，豈知子弟成敗之根苗，即伏於蒙館。蒙師得其人，則子弟有上達之基；蒙師非其人，則子弟受終身之害。而世顧以蒙師爲無足輕重也，不亦謬乎!

【譯文】人們無論是賢能還是愚笨，無論是高貴還是卑賤，沒有不盼望自己的子弟有所成就，同時又憂慮子弟失敗的。然而，他們又怎麼知道子弟的成敗之根，其實就隱藏在蒙館之中呢？如果蒙師選擇得當，那麼子弟就有了向上發展的基礎；如果蒙師選擇不當，那麼子弟就會受到終身的傷害。但世間卻反而認為蒙師並不重要，這不是很荒謬嗎！

楊子泣歧路[1]，謂其可以南、可以北也；墨子泣素絲[2]，謂其可以蒼、可以黃也；君子泣蒙館，謂其可以成子弟、可以害子弟也。予訓蒙數十年，此中之甘苦備嘗，情僞周知，清夜自思，誠知功不掩過，今門人又多訓蒙者，以爲老馬知途，一再三請，爰書此編以授之，顏曰《村學究語》，不過鄙儒之管見，抑亦一家之私言也。若大雅君子，安取乎此！

（稻香齋村學究　謹識）

【注釋】①楊子：指戰國時期思想家楊朱，以其貴生、重己的學說聞名。歧路：岔路。②墨子：戰國時期思想家，墨家學派創始人。泣素絲：據《墨子•所染》記載，墨子見染絲者而歎曰：「染於蒼則蒼，染於黃則黃，所入者變，其色亦變；五入必而已則為五色矣。故染不可不慎也。」指人的思想行為易受外界影響而發生變化。

【譯文】楊子在路上哭泣，因為他看到前面的路既可以往南走，也可以往北走；墨子看到白色的絲絹哭泣，因為他認為這絲絹既可以染成青色，也可以染成黃色；君子在蒙館哭泣，因為他們知道這個地方既可以培養出優秀的學生，也可以耽誤學生的一生。我從事蒙館教育已經數十年，其中的甘苦滋味都已經嚐盡，真假情感也了若指掌。在寂靜的夜晚自我反省，我確實明白，功勞無法掩蓋過錯。如今我的學生們很多也在從事蒙館教育，他們認為我經驗豐富，一再請求我傳授經驗。因此，我寫下這本書來傳授給他們，書名叫做《村學究語》。這不過是我這個鄙陋的讀書人的個人見解，也是我個人的一家之言。如果是高雅的君子，又怎麼會需要這樣的書呢！

二、太微仙君爲師功過格

功 條

耐心訓一蒙童（一日一功）

待子弟如己生（一日一功）

隨事開導（一日一功）

爲子弟講說一故事（一日一功）

盡心講說、寒暑不避（一日一功）

闡說善惡果報、使子弟深信（十功）

禁止一惡習（十功）

禁刻薄取利、貪緣功名（三十功）

先德行、後文藝（五十功）

教以孝悌忠信等事、見從（一事五十功）

化一頑徒（五十功）

正身修德、爲子弟倡（百功）

教一人行仁成德（百功）

勸改一大惡（如不孝不悌邪淫等事）（百功）

過條

學業精不、誤人子弟（百過）

不敦品行、子弟無所觀法（百過）

專尚文詞、不先德行（百過）

改作文字、誆騙父兄（五十過）

受人誠敬供養、怠於教誨（百過）

引誘一頑徒（五十過）

任子弟作踐字紙（一次十過）

縱子弟染惡習（一事十過）

小事酷責（一次五過）

不禁子弟剿襲代倩（五過）

惡罵虐使（五過）

縱一誑語（一過）

無故曠一日館課（一過）

縱子弟親一戲具（一過）

教習字不臨帖（一過）

任子弟寫訛字、怪俗字（一次一過）

不隨事開導其善機（一次一過）

（按：太微仙君即文昌帝君也）

前面《功過格》包括殆盡，村學究絮絮叨叨皆不出其範圍，故以之冠篇首。

三、師宜自審篇

孔子云：「溫故而知新，可以爲師。」[1]孟子云：「人之患在好爲人師。」[2]民生於三，事之如一，故師道與君親並重。然師不易爲，而蒙師尤不易爲，必自審我之學問，果然文理通順否？我之爲人，果然行止端方否？我之訓蒙，果能終一年局，不至半途而廢否？未受人托之時，通盤打算，信得過心，立定主意，方可以言訓蒙。不然，醫卜星相皆可謀生，商賈農工皆可致富。試觀一鄉一邑之中，貧苦出身而累金數萬，子貴孫榮者，所在皆有。獨訓蒙糊口，往往貧困終身，子孫零落，其故何也？皆誤人子弟之報也。

【注釋】①出自《論語·為政》。②出自《孟子·離婁上》。

【譯文】孔子說：「溫習舊的知識，從而得到新的理解與體會，憑藉這一點就可以成為老師了。」孟子又說：「人的毛病在於喜歡做別人的老師。」人生有三種關係最重要，那就是君臣、父子、師生，對於這三種關係應該一視同仁，所以老師的地位與君主和父母的地位是同樣重要的。然而，老師並不是容易當的，尤其是啟蒙老師更是難當。在決定要為人師表之前，必須要先審視自己的學問，是否真的文理通順？自己的品行，是否真的端正？自己教學生，是否真的能堅持到底，不會半途而廢？在還沒有接受別人的託付之前，要全面考慮，深思熟慮，確信自己能夠勝任，下定決心，才可以開始教授學生。否則，有很多職業都可以謀生，比如醫生、占卜者、星相家，還有商人、農夫、工匠都可以致富。你觀察一個鄉村或城鎮，從貧苦出身而積累起數萬財富，子孫顯貴榮耀的人，比比皆是。唯獨那些教授兒童啟蒙的老師，往往一生貧困，子孫凋零，這是為什麼呢？這都是因為誤人子弟而得到的報應啊。

然則蒙師竟不可爲乎?曰：可爲，而不可妄爲。凡人以詩書爲業者，達而在上則爲官，窮而在下則爲師。果有可以自信，布衣[1]亦可爲師。後世訓蒙之事，人皆視爲尋常，而不知用心。果眞卽是成己成人，參天贊地[2]之道。蓋天地能生人，而不能教人。人卽聰明絕世，未有不由師授而便能識字者。

【注釋】①布衣：古代指平民百姓，這里指沒有官職、地位的人。②參天贊地：指参与天地化育万物的過程，帮助天地完善其功能。

【譯文】那麼，啟蒙老師就真的不能做了嗎？我說：可以做，但不能輕率地去做。凡是那些以詩書為業的人，如果顯達就在朝廷做官，如果窮困就在民間當老師。如果真的認為自己有可以傳授給別人的東西，即使是平民百姓也可以當老師。然而，後世對於啟蒙教育這件事，人們往往視為平常，而不去用心對待。實際上，啟蒙教育既是成就自己也是成就他人的過程，是參與天地化育萬物、完善其功能的重要途徑。因為天地雖然能生育人，卻不能直接教育人。即使一個人再聰明絕頂，也沒有不通過老師教導就能識字的。

先儒謂：每日教蒙童數個字，施乞丐一文錢，不得謂非立達[①]中事。誠要論也。況大富大貴中人，往往出於貧賤。果然師有培植之恩，自必銘諸肺腑，終身不忘其成人；而榮登科甲[②]者，固必飲水溯源[③]，格外圖報；卽讀書無成，而略明道理，皆可立身成家，皆不忘師背本。故爲童子師，而能盡心盡力以教人之子弟者，種德[④]最深，陰功[⑤]最大。如是而本身不發，子孫不昌，豈是天理?

但恐身爲飢驅[⑥]，不自酌量，希圖區區之館金而開館訓蒙，鄉愚無知，以爲某某可教子弟認字也，某某可教子弟讀經也，不妨奉之爲師矣；而爲師者亦曰：我能教子弟認字也，我能教子弟讀經也，可以無愧於師矣。夫果能教子弟認字，果能教子弟讀經，是亦可以爲師。乃有略識幾個字，而字中之意義未明矣；略讀幾年書，而書中之理趣未知矣。魚目混珠，吹竽濫食，公然自命爲師。師哉！師哉！誤天下蒼生者，卽此師也。

【注釋】①立達：指直接達成目標或願望。②科甲：科舉考試中的甲科，即進士科，是古代讀書人通過科舉考試取得功名的最高級別。③飲水溯源：意指飲水思源，不忘根本，指人成功後不忘回報恩師。④種德：指培養德行，積累善行。⑤陰功：指暗中做的善事，不為人知但仍有善報的功德。⑥飢驅：指為了生活而奔波勞碌的人，此處指那些因生活所迫而急于求成的人。

【譯文】古代的學者曾說：每天教幾個蒙童認幾個字，給乞丐一文錢，這些行為都可以看作是直接達成善行的事情。這確實是值得探討的。況且，那些大富大貴的人，往往都是從貧賤中走出來的。如果老師真的有栽培之恩，學生自然會銘記在心，終身不忘老師的恩情；而那些榮登科甲的人，更是會飲水思源，格外圖報老師的恩情；即使讀書沒有成就，但只要能稍微明白一些道理，也可以立身成家，都不會忘記老師的恩情。因此，作為兒童的老師，如果能盡心盡力地教導別人的子弟，那麼他積累的德行就最深，暗中做的善事就最大。如果這樣的人本身沒有發達，子孫也不昌盛，這難道是符合天理的嗎？但是，恐怕有些人因為生活所迫，沒有自我衡量，只貪圖微薄的學費而開設私塾教授兒童，鄉村裏無知的人以為某某人可以教子弟認字，某某人可以教子弟讀經，就隨便奉他為老師了；而作為老師的人也說：我能教子弟認字，我能教子弟讀經，可以無愧於老師的稱號了。如果真的能教子弟認字，真的能教子弟讀經，那當然可以稱為老師。但有些人只是略識幾個字，卻連字中的意義都不明白；略讀幾年書，卻連書中的理趣都不知道。他們就像魚目混珠，濫竽充數，公然自稱為老師。老師啊！老師啊！誤人子弟的，就是這些老師啊！

然學問雖淺，而能耐煩耐坐以教人之子弟，情猶可恕。乃學生初來，非不欣欣課訓，未幾而怠心生矣，未幾而野心起矣，或以家事耽擱，或以他事耽擱，甚或街市朋飲，習以爲常。幾不知我爲訓蒙之人，幾不知人有子弟從學於我；又或徒教誦讀，不講實行，以致子弟讀書，仍與不讀書時相同。有肝無心，不知防範，以致子弟讀書還比不讀書時更壞。誤人子弟如此，而謂天地鬼神有不嚴加譴責者乎?

【譯文】然而那些學問不深，但能夠耐心地坐下來教導別人的子弟，這種情況或許還能被原諒。當學生剛開始來的時候，他們對教授學生的內容都充滿了熱情，但不久後就開始變得懈怠了，沒過多久又有了其他的心思。有時是因為家庭事務耽擱了授課，有時是因為其他事情耽擱了授課，甚至常常在街市上和朋友喝酒，漸漸地成了常態。時間久了，他們幾乎不知道自己是一個啟蒙老師，也幾乎不知道別人的子弟是從我這裏學習的。又或者只是教他們誦讀書本，而不注重實際行動，導致子弟讀書後仍然和不讀書時一樣。他們沒有學習的動力，不知道如何防範不良習氣使得子弟讀書比不讀書時更糟糕。將別人的子弟誤導到如此地步，難道天地鬼神不會嚴厲譴責這樣的老師嗎？

凡人到成人以後，回憶幼時所從之師，於某處得益，某處受害，無不一一記在胸中。即讀書未成而改業他途者，皆能言之詳悉。以予所聞，大率言師之誤我者多，而言師之益我者少。使人感激便是德，使人怨恨便是過，而謂蒙師可妄為乎？古人云，養子弟如養芝蘭，賢師與賢父其功相等。而栽培護惜非一日之功，非身體力行、明白義理者，不能以愛子之心愛其徒。所得之利無幾，所造之罪無窮。故曰：師不易爲，而蒙師尤不易爲也。

【譯文】人們長大成人之後，往往會回憶起小時候跟隨的老師，記得哪些地方受益於老師，哪些地方受到老師的傷害，這些都會一一記在心中。即使是那些沒有完成學業而轉行從事其他行業的人，也能詳細地講述起自己的老師。據我所聽到的，大多數人提到老師時，往往是抱怨老師誤導自己的地方比較多，而感謝老師幫助自己的地方比較少。使人感激就是老師的德行，使人怨恨就是老師的過錯，難道可以說啟蒙老師可以隨意妄為嗎？古人說，培養子弟就像培養芝蘭（一種香草）一樣，賢能的老師和賢能的父親所起的作用是一樣的。然而，栽培和呵護子弟並不是一日之功，需要長期不懈的努力。除非老師能夠身體力行，明白義理，否則就不能以愛子之心去愛他的學生。老師得到的利益很少，但造成的過錯可能是無窮無盡的。因此，我說：做老師不容易，而做啟蒙老師更是難上加難。

《元史·許衡傳》:「幼有異質，七歲入學授章句。問其師曰:『讀書何爲?』師曰:『取科第耳。』曰:『如斯而已乎?』師大奇之。每授書，又能問其旨義。久之，師謂其父母曰:『兒穎悟不凡，他日必有大過人者，吾非其師也。』」遂辭去。父母強之不能止，如是者凡三師。何義軒曰:「許衡之聰慧，固足多矣。而此三師，能知其爲不凡之器，又自知學識淺陋不足以爲童子師，遂毅然辭館，其德行尤可嘉。」若遇後世徒教章句，徒哄脩金之師，任你童子如何聰明，如何問難，我總付之茫然，止怕東家不請，其肯辭館乎?古之人，誠不可及矣!

【譯文】《元史·許衡傳》記載：「許衡從小就展現出非凡的資質，七歲時入學開始學習基礎的文章句讀。他向老師詢問：『讀書的目的是什麼？』老師回答說：『是為了考取功名。』許衡又問：『僅僅是這樣嗎？』老師對他的回答感到非常驚奇。每當老師教授知識時，許衡不僅能夠理解表面的內容，還能進一步詢問其中的深層含義。時間一長，老師對他的父母說：『這個孩子非常聰明，將來一定大有作為，我教不了他。』」於是老師辭去了教職。許衡的父母多次挽留也未能留住，像這樣，許衡一共換了三位老師。

何義軒說：「許衡的聰慧程度，當然很高。而這三位老師，能知道許衡將來會成為非凡的人物，又自認才疏學淺不足以當許衡的啟蒙老師，就毅然辭職，他們的品德更值得稱讚。」如果遇到後世那些只會教學生誦讀、只為騙錢的淺薄老師，則不管你家的孩子如何聰明，如何質疑問難，我總付之不理，只怕東家不來請我，怎麼肯辭職呢？古時那些賢人的品質，今天的人們真的比不上啊！

四、師宜自重篇

人即為童子師，其名分之尊，身價之貴，已大異於俗人。故無論農工商賈、樵夫牧豎（牧豎：牧童之義），一見訓蒙之師，必尊之曰某先生。先生者，賢而有德之稱，罪人之所效法也。出一言，人皆曰某先生之言，必當於理之言也，宜遵之；行一事，人皆曰某先生之行，必當於理之行也，宜效之。

【譯文】當一個人成為兒童的老師，他的身份地位尊貴，已經大大不同於普通人。因此，無論是農民、工匠、商人、小販，還是砍柴的樵夫和放牛的牧童，只要一見到啟蒙老師，必定會尊稱他為「某先生」。先生這個稱呼，是對於賢良且有德行的人的尊稱，是罪人（即有過錯的人）

所應當效法的榜樣。當這位老師說出一句話，人們都會說：「這是某先生的話，一定是符合道理的，我們應該遵從。」當這位老師做了一件事，人們都會說：「這是某先生的行為，一定是符合道理的，我們應該效仿。」

士爲四民之首，可以移風易俗，而況負師之名、居師之位乎？無如世之訓蒙者，往往自輕自賤曰：「我不過訓蒙糊口耳，有何足重？」否則自高自大曰：「彼出脩金①幾何，遂欲買定我身乎？」如此設想，安有認眞教人之心？既無其心，安有認眞教人之事？是皆不知師道之貴，而假師名以欺人者也。

【注釋】①脩金：指學費，古時稱為脩脯金或束脩。

【譯文】士人是四民（士、農、工、商）之首，能夠改變社會風氣和習俗，更何況是那些擁有教師之名、居於教師之位的人呢？然而，世上的啟蒙教育者，往往輕視自己，自我貶低說：「我不過是教些蒙童，混口飯吃而已，有什麼值得重視的？」或者就自高自大地說：「他們出的酬金才多少，就想完全買斷我嗎？」像這樣去設想，哪里會有認真教育人的心呢？既然沒有這份心，又怎麼可能有認真教育人的事情呢？這些都是不知道教師之道的重要性，而只是假借教師的名義來欺騙別人的人。

《禮》云：「師嚴然後道尊[①]。」嚴非嚴厲之嚴，乃端嚴之嚴，即自重之謂也。顧所謂自重者：不嫖不賭，不濫酒，不吸洋煙，猶其淺焉者也；顏子四勿之功[②]，便是儒門戒規。我輩既讀儒書，即已受孔子戒，況身爲人師，自當以身作則。程子云：「聖賢言語，須句句拉上身來，方爲自重。以之自修，即以之教人，方爲自重。」

【注釋】①師嚴然後道尊：語出《禮記·學記》：

「師嚴然後道尊，道尊然後民知敬學」。②四勿之功：語出《論語·顏淵》：顏淵問仁。子曰：「克己復禮為仁。一日克己復禮，天下歸仁焉。為仁由己，而由人乎哉？」顏淵曰：「請問其目。」子曰：「非禮勿視，非禮勿聽，非禮勿言，非禮勿動。」

【譯文】《禮記》上說：「老師莊重威嚴，然後他所傳授的學問才會受到尊重。」這裏的「嚴」並不是指嚴厲苛刻，而是指老師的端莊嚴肅，這實際上是老師自我尊重的體現。然而，我們所說的自我尊重，並不僅僅局限於不嫖不賭、不酗酒、不抽洋煙這些淺層次的行為規範；更重要的是顏子所說的「四勿」，即不符合禮儀的事情，我們絕不去看、去聽、去說、去做，這就是儒門應當遵循的戒規。我們既然學習儒家經典，就已經接受了孔子的戒規，更何況我們現在還身為老師，更應該以身作則，成為學生的榜樣。程頤先生說過：「對於聖賢的言論，每一句都要貫徹到自己的行為中，才能算是自重。我們要用修養自己的方法去教導學生，這才能算是自重。」

自來名儒未得志時，爲人訓蒙，日後榮登科甲、位至公卿者，何可勝道?即命運屯邅①，不能上進，果然訓蒙有功，簪纓②必及後嗣。天下文人，福命隸於文昌，種豆得豆，種瓜得瓜，亦自然之理也，故所貴乎訓蒙者，非徒教之誦讀也。童子之天性未鑿，善言入耳，句句鑽到心頭，先生日日講的善言，童子日日聽的善言，習慣自然，便把善根植固，其讀書成名，可望之爲忠臣義士；即讀書無成，而安分守己，亦不失爲良民。所以訓蒙之事雖苦，而寒士於此留心，可積無限陰德，就使脩金無幾，而出自硯田③，較他途爲尊貴。

【注釋】①屯邅（zhūn zhān）：語出《周易·屯卦》。指命運不濟，遭遇困頓、挫折。②簪（zān）纓：古代官員冠冕上的飾物，借指官位或顯貴。這裏指後代的成就。③硯田：舊時讀書人以文墨維持生計，故把硯臺叫做硯田。此處指教師從教育工作中獲得的報酬。

【譯文】自古以來，有許多名儒在未能成功之時，都從事兒童啟蒙教育的工作。後來，他們榮登科甲，位至公卿，這是何等了不起的事情啊！哪怕命途多舛，有些人始終無法考取功名，但只要他們真正在啟蒙教育方面做出了貢獻，他們的功績也必然會庇蔭後世子孫。天下的讀書人，他們的福命都與文昌星有關，就像種豆得豆、種瓜得瓜一樣，這是自然的規律。因而啟蒙教育的重要性不僅僅在於教授兒童讀書識字。（此時）兒童的天性尚未被雕琢，聖賢的言教一旦入耳，就會深深地鐫刻在他們心中。如果老師每天都講授這些聖賢言教，兒童每天都聽到這些聖賢言教，久而久之，賢善品性的根蒂就會紮得穩固。這樣，他們將來讀書有成，有望成為忠臣義士；即使讀書沒有成就，也能安分守己，不失為良善的百姓。所以，雖然啟蒙教育的工作很辛苦，但貧寒的學者如果能在這方面下功夫，就能積累無限的陰德。即使收入微薄，但這份收入來自教育，比其他途徑更為尊貴。

古人以師與君親並列，而後人直並祀於中堂，可見師之有功於人者，生固受人禮貌之崇，沒亦享人馨香之報①，所謂天爵之尊②，不假勢位而榮者也。士不訓蒙則已，訓蒙而以師道自重，以導人於善爲心，名教中自有樂地，正不必薄蒙師而不爲也。

【注釋】①馨香之報：指死後人們仍對其進行祭祀和懷念。馨香，指祭祀時燃香散發的香氣，這裏代指祭祀。②天爵之尊：出自《孟子·告子上》：「仁義忠信，樂善不倦，此天爵也；公卿大夫，此人爵也。」指老師所享有的尊貴地位，如同上天賜予的爵位一般。天爵，指天然的尊貴地位。這裏指老師因教書育人而獲得的崇高地位。

【譯文】古人將老師與父母、君主並列，而後來的人甚至將老師與父母、君主的牌位一同供奉在中堂，由此可見老師對於人的貢獻之大。老師活著時受到人們的尊敬和禮遇，去世後也享受著人們的祭祀和懷念。這就是所謂的「天爵之尊」，不需要借助權勢地位就能獲得榮耀。讀書人如果不從事啟蒙教育那也就罷了，一旦從事啟蒙教育就要以師道自重，以引導人們向善為心願，那麼，在儒家倫常之中自然有難言的快樂，正不必因為啟蒙教育地位不高而不去做。

王文康公①父訓誨童蒙，必盡心力，每與同輩論師道曰：「天地君親師，五者並列，師位何等尊重！後生以師事我，則終身成敗榮辱俱我任之，若不盡心竭力，誤人子弟，與庸醫殺人等罪。」又喜爲童子講孝悌故事，曰：「學者先心術而後文藝，先敦本而後施仁。如孝悌有虧，雖才華震世，不足重也。」晚生文康公，人謂爲善之報云。

【注釋】①王文康：即王曙(963－1034)，字晦叔。河南人。北宋宰相。

【譯文】王文康的父親在訓誨兒童啟蒙時，必定竭盡心力。每當他與同輩人討論為師之道時，他都會說：「天地君親師，這五者並列，老師的地位是何等的尊貴！年輕人以我為師，那麼他們終身的成敗榮辱都由我來負責。如果我不盡心竭力，誤人子弟，那就與庸醫殺人一樣的罪過。」他還喜歡給兒童們講述孝悌的故事，說：「求學的人應該先修養心性，然後再學文學藝；先修敦倫盡分，然後才能廣施仁義。如果孝悌之道有缺失，即使才華出眾，也不值得看重。」晚年生了王文康公，人們都說是他的善行得到了回報。

五、耐煩爲主篇

「蒙者，蒙也，物之稚也，物稚不可不養也。」聖人「以蒙養正爲聖功」，養之一字最妙。師過於嚴，則子弟之靈機不發；師過於寬，則子弟之放縱尤甚。介乎不寬不嚴之間，而使子弟愛其師而不忍離，敬其師而不敢褻，斯爲善養。「中也養不中，才也養不才，故人樂有賢父兄也。」蒙師何獨不然？自來聰明子弟多出世家，雖其根器不同，亦其培養有方，所以英華易發；草野中非無美材，而束髮受書便爲蒙師所誤，則明珠之汩於泥沙者多矣。

【譯文】《周易·序卦傳》上說：「蒙就是蒙昧無知的意思，如同事物在幼稚階段，事物在幼稚階段不可不養育。」聖人「將蒙昧無知的稚子培養成正大光明的君子」作為聖人的功績，其中「養」這個字最為精妙。老師如果過於嚴厲，那麼學生的智慧和靈性可能無法得到發展；老師如果過於寬容，那麼學生可能會放縱自己，行為更加無度。處於寬嚴適度之間，讓學生愛戴老師而不願離開，尊敬老師而不敢輕慢，這就是善於培養。孟子說：「品行好的人能夠養育品行不好的人，有才能的人能夠養育沒有才能的人」，所以人們樂於有賢良的父親和兄長。啟蒙老師難道不應該這樣嗎？自古以來，聰明的子弟多出自世家，雖然他們的天賦和根基不同，但也是因為他們得到了良好的培養，所以才華容易展現。而在民間，並非沒有優秀的人才，但很多人在剛開始接受教育時就被啟蒙老師誤導了，就如同明珠被埋沒在泥沙中一樣。

古稱嚴父嚴師，謂父師之人品端嚴，可爲子弟法則，後人誤解嚴爲嚴厲，遂成人心風俗之害。《大學》云：「爲人父，止於慈。」顏子云：

「夫子循循然善誘人。」此卽爲父爲師之範，何嘗以嚴厲爲尚？今人多言「護短莫投師」，多言「不撻不成人」，夫子弟有短而護之，或姑息而一概不撻，誠非教子弟之道。然必子弟狡猾，至於讀書，則資性不同。有記性雖好，而卻無悟性者；有記性不好，而卻有悟性者。因材施教，未可一概而論也。乃有執固之師，不量資性之優劣，而勒限其讀書若干，又不肯耐煩教導，僅僅爲之認字，並有字亦不耐煩認，而使別徒代爲之認者，及至背誦差訛，則以爲子弟之頑也，而酷撻之；甚或授書若干，未曾教之讀慣，師遂出外耽擱，子弟離師，不免廢書嬉戲。而師回館中，急命背誦，不能背誦則以爲子弟之頑也，而又酷撻之，夏楚橫加[1]，惡言詈罵。所以聰明之子弟駭退聰明，愚魯之子弟更加愚魯。嗟乎！人莫不從幼時長成，試問爾爲童子時，何所知識，而乃借師之名，肆行淩虐「少者懷之」之道，果如是乎？故凡子弟之弱小者，待之宜寬，年漸長，則漸漸加嚴，亦必時時訓導，使其蒙蔽日開而後天良勃發。

【注釋】①夏楚橫加：夏，讀jiǎ，同「檟」。楚，荊條。夏、楚，古代學校中用來責罰學生的教鞭和荊條。見《禮記·學記》中有「夏楚二物，收其威也。」橫加，即橫加，隨意施加。

【譯文】古人常稱頌嚴父嚴師，這裏的「嚴」原本指的是父親和老師的人品端正嚴肅，可以成為子弟們學習的楷模和法則。但後人卻誤解了這個「嚴」字，將其理解為嚴厲，結果這種誤解反而成了人心和風俗的害處。《大學》中說：「做人的父親，要做到慈愛。」意思是做父親的要以慈愛為準則。顏回也曾說：「夫子善於一步一步的引導人。」這都是在描述父親和老師應有的典範，哪里曾以嚴厲為崇尚呢？現在很多人常說「疼愛孩子就不要讓他跟著老師學習」，意思是如果孩子有缺點而家長卻庇護他，就不應該送他去拜師；又說「不打不成人」，認為不打不成器。確實，如果子弟有短處而一味庇護，或者一味姑息而從不責罰，這並非教育子弟的正確方法。然而，必須明確的是，子弟的狡猾與否並非教育中的唯一問題，特別是在讀書學習上，每個人的資質和性格都是不同的。有的人記性雖好，但缺乏悟性；有的人記性不佳，卻悟性很高。因此，教育應該因材施教，不能一概而論。然而，偏偏有些固執的老師，不考量學生的資質優劣，強行規定他們必須讀多少書，又不肯耐心教導，僅僅滿足於教學生認字，甚至有的連認字都不耐煩，讓其他學生代為認字。等到學生背誦出錯時，就認為是學生頑劣，從而嚴加責打；更有甚者，給學生佈置了書籍卻不教他們如何閱讀，自己便外出閒逛，學生離開老師後，難免會放下書本去玩耍。等老師回到書館，又急忙讓學生背誦，背不出來就認為是學生頑劣，再次嚴加責打，教鞭荊條隨意施加，惡語相向。這樣的做法，只能讓原本聰明的孩子變得畏縮不前，失去靈性；而原本愚鈍的孩子則更加愚鈍。唉！人都是從幼時逐漸長大的，試問你自己小時候，又懂得多少知識呢？卻為何要以老師的名義，肆意淩虐學生，違背「對年輕人要關懷愛護」的教育之道呢？所以，對於年幼弱小的學生，我們應該以寬容對待，隨著他們年齡的增長，再逐漸嚴格起來，並且必須時常進行訓導，讓他們的心智逐漸開化，讓天性中的善良和良知得以勃發。

《文昌功過格》云：「酷虐一他人子，百過；誤一他人子，五十過。」准此以推，則人之爲蒙師而得過者，可知矣。大抵訓蒙之法，敎之誦讀宜耐煩，而不循規矩宜懲戒。先哲云：「有父之嚴，有母之慈，然後可以爲人師。」旨哉斯言！

【譯文】《文昌功過格》中說：「對別人的孩子殘酷虐待，就是犯了一百個過錯；誤導別人的孩子，就是犯了五十個過錯。」根據這一標準來推斷，那麼作為啟蒙老師而犯錯的情況，就可想而知了。一般來說，教導孩童啟蒙的方法，關鍵在於教導他們誦讀時要耐心細緻，而對於不遵守規矩的行為則應當給予適當的懲戒。先賢曾經說過：「擁有父親的嚴厲和母親的慈愛，然後才能勝任教師的職責。」這句話真是意味深長啊！

宋鄧至①爲塾師，教人以誠。熙寧九年，神宗御集英殿第進士，至長子綰，爲翰林學士，侍立上側，迨唱名及其第績，綰下殿謝。又唱名及其二孫，綰又下殿謝，上顧而笑。王恭公從旁贊曰：「此其父鄧至盡誠教人所致也。」

【注釋】①鄧至：生卒年不詳。宋成都雙流人，先世居梓江，號二江先生。通《六經》，從學者甚眾。

【譯文】宋朝的鄧至是一個私塾的老師，他教學誠肯。熙寧九年（1076），神宗皇帝在集英殿親自主持進士考試，鄧至的長子鄧綰在這次考試中表現出色，成為了翰林學士，並有機會侍立在皇帝身側。當考試結果公佈，唱名至鄧綰高中時，他走下臺階向皇帝謝恩；緊接著，唱名又宣佈他的兩個兒子也考中了進士，鄧綰再次走下臺階謝恩，這一幕讓宋神宗看在眼裏，露出了笑容。王恭公在旁邊，便稱讚道：「這是因為他父親鄧至以誠待人、盡心盡力教育子弟的結果啊！」

六、發蒙便講篇

童子認得之字，宜擇其淺顯者爲之講解。如父是爹、母是媽，兄是哥哥、弟是弟弟之類。將俗語證解，童子便聽得來。聰明者便明白得早、發達得早，愚魯者亦可漸漸醒悟。古人所謂神童，如王子安、李鄴侯[①]之類，固是天生奇才，亦由遇著賢明之師自小栽培，所以髫齡[②]顯達。假如生在村野之中，遇著庸陋之師，屈抑之、埋沒之，就使發達不能如是之早。芝草無根，醴泉無源[③]，民間不少聰明子弟，而爲塾師所誤者十有八九。

【注釋】①王子安：即王勃，字子安，唐代文學家，初唐四傑之一，以《滕王閣序》聞名。李鄴侯：即李泌，字長源，鄴侯當為鄴侯之誤，唐代中期政治家、謀臣、學者，自幼聰穎，深得唐玄宗賞識。②髫齡：指幼年時期，特指七八歲的兒童，代指早慧或年少有為。③芝草無根，醴泉無源：比喻有才能或美好的事物並不依賴於特定的條件或出身，而是自然形成的。這裏用來強調即使出身平凡或條件不佳，也可能有傑出的人才。

【譯文】孩子們剛開始認識的字，應該選擇那些淺顯易懂的為他們講解。諸如「父」就是爸爸，「母」就是媽媽，「兄」就是哥哥，「弟」就是弟弟之類的。用這些通俗易懂的解釋來講解，孩子們就更容易聽懂。聰明的孩子會早點明白，早點進步，而稍微遲鈍一些的孩子，也能在這樣的講解中漸漸開竅。古人所說的神童，像王勃、李泌這樣的人，固然是天賦異稟，但也是因為從小遇到了賢明的老師悉心栽培，所以才能在小小年紀就顯露才華。如果他們生在鄉野之間，遇到了平庸無能的老師，被壓制、被埋沒，那麼他們的成就可能就不會這麼早顯現了。就像靈芝沒有固定的根，甘甜的泉水沒有固定的源頭一樣，民間其實有很多聰明的孩子，但因為遇到了不稱職的老師，最終被耽誤的佔了大多數。

嘗見塾師之執拗者，必要《四書》讀完，讀到經書方可開講，甚有必要《五經》讀齊方可開講者，此等塾師害人子弟，其罪不可勝言。惟於發蒙[1]之時，便與他講，講得一個字即明白一個字，講得十個字即明白十個字。常常爲之講解，日久自然醒悟，讀書非必定要成名，總要成個好人。聖人教人學，就是教人學做好人。始基[2]培得端正，後來便有發達。孩子在家中，培養之責在其父；孩子在館中，培養之責在其師。然父之明書理者常少，而不明書理者常多，所以孩子即到學堂，則塾師之責比父尤重。

【注釋】①發蒙：啟蒙，指儿童開始入學讀書。②始基：指最初的基礎或根基。

【譯文】我曾經見過一些非常固執的私塾老師，他們堅持要求學生必須先把《四書》讀完，有的甚至要求必須讀完所有《五經》之後才開始講解，這樣的教學方式實在是害人不淺，其罪過難以盡述。其實，在孩子啟蒙的時候，就應該開始為他們講解，每講一個字就讓他明白一個字，講十個字就讓他明白十個字。經常這樣為他們講解，時間長了，孩子自然就能醒悟。讀書的目的並不是一定要成名，但一定要成為一個好人。聖人教導人們學習，其實就是教導人們如何成為一個好人。如果在孩子小的時候就能打下良好的基礎，培養他們成為品行端正的人，那麼他們將來就會有更好的發展。孩子在家裏的時候，培養的責任主要在父親；但孩子到了學堂，培養的責任就主要落在了私塾老師的肩上。然而，明白書理的父親往往很少，大多數父親並不完全明白這些道理，所以，孩子到了學堂後，私塾老師的責任就比父親更重了。

嘗見塾師講書，多半按著高頭講章板板[1]讀過，卽有善講者，亦只就書講書，全不將書中義理貼在人倫事物上講。程夫子云：「聖賢言語，須句句拉上身來。」如此爲孩子講，孩子聽眞，則教之之法自出。所謂「心誠求之，雖不中不遠矣[2]。」然而聖賢道理，必先自家體貼，方能教人，是又在爲師者之平心自審也。

【注釋】①高頭講章：指古代為科舉考試而編寫的詳細講解儒家經典的參考書。板板：形容呆板、不靈活的樣子。②心誠求之，雖不中不遠矣：語出《中庸》。它用來鼓勵教育者要真心誠意地去理解和傳授聖賢的道理，同時也提醒學習者要用心去學習和實踐。

【譯文】我曾經見過私塾老師授課，他們大多數只是按照高頭講章呆板地誦讀，即使是有善於講解的老師，也只是就書論書，完全沒有把書中的道理與日常生活聯繫起來講解。程夫子說過：「聖賢的言語，要把每一句都與自己的生活聯繫起來。」只有這樣給孩子講書，孩子真正聽懂了，那麼教育的方法就自然而然地出現了。只要真心誠意地去追求，即使不能完全達到目標，也不會相差太遠。然而，要想傳授聖賢的道理，老師自己必須先深刻體會並身體力行，然後才能教導學生，這就需要老師平心靜氣地自我審視和反省了。

宋蘇子瞻云：「軾始總角[①]，入鄉校。士有自京師來者，以魯人石守道所作《慶曆聖德詩》[②]示鄉先生。軾從旁竊觀，則能誦習其詞。問鄉先生以所頌十一人者何人也，先生曰：『童子何用知之?』獻曰：『此天人也耶?則不敢知；若亦人耳，何爲其不可?』先生奇軾言，盡以告之。且曰：『韓、范、富、歐陽，此四人者，人傑也。』」時雖未盡了，則已私識之矣。愚謂東坡之問，固非凡童可及，而鄉先生奇其言，盡以告之。又於十一人之中，提出韓、范四人，指爲人傑，以歆動其心，則平時之循循善誘，可以例推矣。故凡人之爲童子師者，不但與之講古人，卽當代之賢人君子，亦必講與之聽，使伊心中知其尊貴，並與之言賢人君子人人可學，而至稍有聰明者，未有不勃然興起也。

【注釋】①總角：總古代幼年兒童的髮式，借指童年。②《慶曆聖德詩》：石介所作，慶祝宋仁宗慶曆年間新政實施，頌揚了新政中的重要人物。

【譯文】宋代的蘇軾曾言：「我從幼年起，就進入鄉校學習。有一次，有位從京城來的士人，向鄉校的老師展示了魯人石介所作的《慶曆聖德詩》。我在旁邊偷偷觀察，便能夠背誦學習其中的詞句。我問我的鄉村教師，他所讚頌的十一個人都是誰？老師說：『你一個小孩何必知道呢？』我說：『難道這個人是天人嗎？那我就不敢知道了；如果他也是普通人，為什麼不可以知道呢？』老師對我的話很驚訝，全部告訴了我。

並說：『韓琦、范仲淹、富弼、歐陽修，這四個人都是傑出的人才。』」雖然當時蘇軾還沒有完全了解他們，但心裏已經記下了。我認為蘇東坡的問題，確實不是普通孩子能夠理解的，但鄉村的老師對他的話很感興趣，並全部告訴了他。而且在十一個人中，專門提出了韓、范、富、歐這四個人，認為他們是傑出的人才，以激發他的興趣，以此便能想到鄉村老師在平時對學生的善加引導了。所以，任何人做孩子的老師，不僅要為學生講述古人的事情，也要為學生講述當代的賢人君子，讓他們知道這些人物的尊貴和可學之處，從而激發他們的上進心。對於稍有聰明才智的孩子來說，這樣的教育方式無疑會讓他們更加奮發向上。

《師道輯要》云：村館之中，資質卑下者多，安能個個都讀到能文章、取科第?故或有三年便輟讀者，或有七八年便輟讀者。倘不因材施教，而使之實受其益，則雖讀過《四書》，讀過

《五經》，彼焉知《四書》讀來何用？《五經》讀來何用？及至長大爲人，言乖行僻，依然任其血氣之私，利誘情牽，依然移於污濁之俗。其天眞稍固者，或可僥倖保家；其性根淺薄者，且至喪德殞命。是二三年之讀，七八年之讀，皆爲無益之讀矣。

【譯文】《師道輯要》中提到：在鄉村的私塾裏，學生的資質普遍較為低下，怎麼可能每個人都能夠學會寫文章、考取功名呢？因此，有的學生可能只讀了三年書就放棄了，有的可能七八年後也選擇輟學。如果老師不根據每個學生的具體情況來施教，確保他們真正從學習中受益，那麼，即使這些學生讀完了《四書》《五經》，他們又能明白讀這些書有什麼用處呢？等到他們長大成人，言行舉止可能依舊乖張偏僻，任由自己的私欲和血氣衝動，被利益誘惑和感情牽絆，最終仍可能陷入污濁的世俗之中。對於那些天性稍微堅韌一些的人來說，或許還能僥倖保住家庭；而對於那些性情根底淺薄的人，甚至可能因此喪失德行，甚至喪命。這樣一來，不論是讀了兩三年書，還是七八年書，都成了毫無意義的閱讀了。

爲蒙師者，宜將讀過之書，擇其淺近者及時與之講解，以開其智慧，但徒空解，猶未能即明其理，而亦無益身心，惟將所講之書，證以日用常行之事，庶能領會記憶。如弟子一章，先就本義講解，再將如何方爲孝悌、如何方爲謹信、如何方爲愛衆親仁、力行學文，詳切指示，再將如何便爲不孝第、如何便爲不謹信、如何便爲不愛衆親仁、不力行學文，反復警戒，嗣後遇其行事，有合於孝悌等項者，則指其合於某書某句，而對衆稱之；遇其行事有背於孝悌等項者，則指其背於某書某句，而對衆責之。如此訓導，庶講一章之益，知行並進，作聖之功，實甚於此。

【譯文】對於啟蒙教師而言，應該選擇學生已經讀過的書中比較淺顯易懂的部分，及時給學生進行講解，以開發他們的智慧。但僅僅解釋而沒有實際應用，學生還不能真正理解其中的道理，對身心也沒有益處。故而只有將所講的書中的內容與日常生活中的事情聯繫起來，才能讓學生更好地理解和記憶。例如，在講解《論語》中的「弟子入則孝，出則悌，謹而信，泛愛眾，而親仁，行有餘力，則以學文」這一章時，老師首先應當從字面意思上講解這句話的含義，然後詳細指導他們如何做到孝順父母、尊敬兄長、言行謹慎且誠實守信、廣泛關愛他人，並親近有仁德的人，以及在做好這些之後再去努力學習典籍。同時，老師還應該反面舉例，說明如果不這樣做，會有什麼樣的後果，並反復進行警示。之後，在日常生活中，每當學生做出符合孝順、尊敬等美德的行為時，老師就可以指出他們的行為與某本書中的某句話相吻合，並在眾人面前給予表揚；相反，如果學生有違背這些美德的行為，老師也應指出他們的行為違背了書中的教誨，並在眾人面前進行責備。這樣的訓導方式，不僅可以使學生更深入地理解所學內容，還能促進他們的知行合一，這樣的教學效果，遠遠超過了僅僅講解書本知識的層面，對於培養學生德行成就聖人之功，具有非常重要的意義。

七、宜講因果篇

世傳《太上感應篇》《文昌陰騭文》《關帝覺世眞經》及《功過格》《遏欲文》，蒙館中斷斷不可少，宜於童子讀書之外，檢一空時教之參讀，每日擇其淺顯者爲之講一二條，以俗話比譬、俗事印證。童子聽之便易明白，如不明白，又細細爲之講解，務使其心中知到善有善報，惡有惡報。人必爲善方好，爲惡便不好。

【譯文】世間流傳著一些非常重要的經典，比如《太上感應篇》《文昌陰騭文》《關帝覺世真經》，還有《功過格》和《遏欲文》等。這些經典在蒙館裏是絕對不可或缺的。除了教授孩子們日常讀書寫字之外，我們還應該在空閒的時間裏，引導他們閱讀並學習這些經典。每天，我們可以挑選其中淺顯易懂的一兩條內容，用通俗易懂的語言來解釋，用身邊熟悉的事情來印證。這樣，孩子們聽起來就會更容易明白。如果他們有不明白的地方，我們就再細細地為他們講解，務必要讓他們心裏清楚，明白做好事會有好報，做壞事則會有惡報。我們要讓他們知道，做人一定要行善積德，做壞事是不好的。

「人之所以異於禽獸者幾希」①，童子發蒙，卽是人禽攸關之界。師明道理，引之走善路，不難學爲好人；師不明道理，任其走惡路，尤易入於禽獸。吾以訓蒙之師爲至重者，誠以人禽幾希之界卽於此時分也。村塾中之蒙師，大抵只教誦讀，而不講因果報應，所以童子讀書，書自書而我自我，幸而至於成名，只知讀書作文爲弋取科名之具，不知聖賢言語須句句拉上身來認眞體行。不幸而讀書數年，改業他途，不過能認幾個字，至於善惡報應，耳中未曾聽過，所以放辟邪侈，無所不爲，是皆由於蒙師未嘗教之也。

【注釋】①人之所以異於禽獸者幾希：出於《孟子‧離婁下》，孟子曰：「人之所以異於禽獸者幾希；庶民去之，君子存之。舜明於庶物，察於人倫，由仁義行，非行仁義也。」幾希，強調某種界限或差異雖然微小，但卻至關重要。

【譯文】人之所以與禽獸有所不同，其實差別非常微小。兒童在啟蒙學習的階段，正是決定他們能否超越禽獸、成為真正的人的關鍵時刻。如果老師能夠明白這些道理，引導孩子們走上善良的道路，那麼他們就不難學會成為好人；但如果老師不明白這些道理，任由孩子們走上邪惡的道路，那麼他們就很容易墮落得和禽獸無異。因此，我認為啟蒙老師的角色至關重要，因為正是在這個階段，孩子們能否超越禽獸、成為真正的人，完全取決於老師的引導。然而，在鄉村的私塾裏，大多數啟蒙老師只是教孩子們誦讀經典，卻不講解其中的因果報應之理。所以，孩子們在讀書時，書本是書本，自己是自己，兩者並沒有真正結合起來。如果他們有幸通過讀書成名，也只是把讀書和寫作當作獲取功名的工具，而不知道聖賢的言語需要每句都聯繫自身，認真體會並實踐。如果不幸的是，他們讀了幾年書後改行做了其他事情，那麼除了能認識幾個字之外，對於善惡報應的道理卻一無所知。因此，他們可能會放縱自己，做出各種邪惡放蕩的事情，這都是因為他們在啟蒙階段沒有得到正確的教導。

《易》云：「積善之家，必有餘慶；積不善之家，必有餘殃。[①]」「善不積，不足以成名。惡不積，不足以滅身[②]。」《書》曰：「作善，降之百祥；作不善，降之百殃。[③]」「天作孽，猶可違；自作孽，不可逭[④]。」聖賢千言萬語，無非望人學爲好人。人性本善，而於童子時天眞未鑿，善言尤易於入，但師不講善惡報應，就使聰明絕頂何由得知？所以任意而行，無所忌憚，加以村言俗語汩其天眞。性相近而習相遠[⑤]，有由來矣！

【注釋】①積善之家，必有餘慶；積不善之家，必有餘殃：出自《周易‧坤卦‧文言傳》，意為長期行善積德的家族，一定會給子孫後代留下福報和吉祥；而長期作惡不端的家族，則一定會給子孫後代帶來災禍和不幸。②善不積，不足以成名。惡不積，不足以滅身：出自《周易‧繫辭下》，意為如果不持續積累善行，就不足以成就好的名聲和地位；同樣，如果不持續積累惡行，也不足以導致身敗名裂或毀滅自身。這句話強調了善惡行為的積累性和長期性。③作善，降之百祥；作不善，降之百殃：出自《尚書‧伊訓》，意指當一個人行善積德時，上天會降下各種吉祥和福報給他。當一個人作惡多端時，上天會降下各種災禍和不幸給他。④天作孽，猶可違；自作孽，不可逭：出自《尚書‧太甲中》。意為天災（即上天降下的災禍）雖然可怕，但人們或許還可以找到逃避或應對的方法；然而，如果是自己作的孽（即因為自己的行為導致的災禍），則是無法逃避或補救的。這句話強調了人們應該對自己的行為負責，因為自作孽的後果是無法挽回的。⑤性相近而習相遠：出自《論語·陽貨》，意為人的本性(即天性、稟賦)原本是相近的，但由於後天的環境和教育不同，人們的習慣和性格就會逐漸產生差異。這句話強調了環境和教育對人性的影響，提醒人們要重視後天的教育和修養。

【譯文】《周易》說：「積累善行的家庭，必然會有好運；積累惡行的家庭，必然會有禍患。」「不積累善行，就不足以成就美名。不積累惡行，就不足以毀滅自身。」《尚書》說：「做善事，會帶來百般祥瑞；做壞事，會帶來百般禍患。」「如果是天災，或許還有躲避的可能；但如果是自己作的孽，那是無法逃避的。」聖賢們千言萬語，無非是希望人們學習做好人。人的本性是善良的，在童年時期天真無邪，善言尤易於讓人接受。如果教師不講述善惡報應，即使聰明卓絕的孩子又如何知道呢？所以他們會任意行事，沒有顧忌，加上鄉間的粗俗言語侵蝕了他們的純真天性。所以說，「人的本性相近，但由於後天的習慣和環境不同，差距就越來越遠了」，這句話是有深刻道理的！

誠得好蒙師，足不離書館，口不離善言。童子之稍有聰明者，必能領悟，學爲正人君子；即資性愚魯者，習聞善言，亦自不敢爲惡。古人云：「教學相長」[①]，先生日日爲弟子講，自必體之於身心。世上大富大貴中人，皆由前生行善、祖宗積德所致，亦有今生修培及身而受者。「天道福善禍淫[②]」，絲毫不爽，但其中之乘除准折，人不能窺耳。

【注釋】①教學相長：出自《禮記·學記》，即教和學是相互促進的。教師在傳授知識的過程中，自己也會不斷思考、深化理解，從而實現自我提升。②福善禍淫：出自《尚書·湯誥》，意為天道會眷顧善行，懲罰邪惡。

【譯文】果真能有一位好老師，整天都待在

學館，嘴裏也不離開善言善語。只要是稍微聰明一點的孩子，一定能理解並學習成為正直的人；而那些天性愚鈍、不夠聰明的孩子，在耳濡目染之下，也自然不敢為非作歹。古人說過：「教和學是相輔相成、相互促進的。」老師每天都在為學生講課，自然會對自己身心有所體悟。世上那些大富大貴之人，大多是因為他們前世行善積德，或是祖宗積累了深厚的德行所致，也有一些人是因為今生自己努力修行、培養品德而得到好報的。天道會眷顧善行，懲罰邪惡，這一點絲毫不差，但其中的具體計算和平衡方式，人們是無法完全洞察的。

我輩寒士，籍訓蒙糊口養家，儻終身無發達之期，豈能免暮年凍餒、子孫貧窮?而發達不發達，其權在天，非人所能作主。惟有積德行善，可以轉移造化。而德不必從他處積，善不必他處行，既以訓蒙爲事，卽於訓蒙上用一番心、盡一番力，果然能葆童子之天良，而使之他日爲正人，豈非師之大德大善?勿嫌人數太少，愈少愈好教；勿貪人數過多，愈多愈不好教。人爲萬物之靈，天心所最鍾愛，教成一個好人，世上多一好人，勸化一個惡人，世上少一惡人。人有一分善德，天有一分福報，貧賤可轉爲富貴，短命可轉爲長壽，無子可轉爲有子。所謂積德，可以回天也。

【譯文】我們這些出身貧寒的讀書人，依靠教授蒙學來糊口養家。如果一輩子都沒有出人頭地的機會，又怎能避免晚年挨餓受凍，子孫後代陷入貧窮的境地呢？然而，是否發達，這權力在於上天，不是個人所能決定的。但有一點是我們可以做的，那就是積德行善，這樣或許能改變我們的命運。而積德行善，並不需要特意去其他地方做，既然我們從事的是蒙學教育，那麼就在這個過程中用心去教，盡力而為。如果我們真的能保護好孩子們的天真善良，使他們將來成為正直的人，這不就是我們作為老師最大的德行和善良嗎？不要嫌棄學生人數太少，因為學生少反而更容易教好；也不要貪求學生人數過多，因為學生多反而更難教好。人是萬物之靈，是上天最為鍾愛的，每教育出一個好人，世上就多了一個好人；每感化一個壞人，世上就少了一個壞人。人只要積累了一分善德，上天就會給予一分的福報。這樣，貧窮和卑賤可以轉變為富貴，短命可以轉變為長壽，無子嗣也可以轉變為有子嗣。這就是所說的積德行善可以回天改命。

故蒙師之常講因果報應者，不惟有益於人，先有益於己。《袁了凡先生立命訓子篇》《俞淨意公遇灶神記》，實爲寒士再造散①，宜置諸案頭終日玩味。若徒悠悠忽忽、隨俗浮沉，往往坐破寒氈②終無結局，況乎誤人子弟之罪，必不能逃冥罰③，試觀一鄉一邑中訓蒙之師，其本身是何光景，子孫是何光景，便知予言不謬也。

【注釋】①再造散：再造散，中醫方劑名。此處是說改變命運的良方。這裏是一種比喻，指能夠使人重新振作、改變命運的良藥或方法。《袁了凡先生立命訓子篇》和《俞淨意公遇灶神記》被比作這樣的「再造散」，因為它們能夠激勵人們行善積德，改變命運。②坐破寒氈：「坐破寒氈，磨穿鐵硯」，語出元代范子安《竹葉舟》第一折。意謂長時間坐在簡陋的寒氈上(古代貧寒讀書人常用的一種坐墊)，把鐵鑄的硯臺都磨穿了。形容一生貧困潦倒，無所成就。③冥罰：指死後在陰間受到的懲罰。這裏用來強調因果報應的嚴厲性。

【譯文】因此，蒙學的老師們常常講述因果報應的道理，這不僅對學生有益，首先對自己也有莫大的好處。《袁了凡先生立命訓子篇》和《俞淨意公遇灶神記》這兩篇文章，實際上是寒門士子自我提升的良藥，應當把它們放在書桌上，整天細細品味。如果老師只是隨波逐流，渾渾噩噩地過日子，那麼很可能一輩子在貧困中掙扎而無所成就。更何況，如果因為教學不當而耽誤了學生的前程，這樣的罪過是逃脫不了上天的懲罰的。只要觀察一下鄉里那些從事蒙學教育的老師們，看看他們自己的境況，再看看他們子孫的境況，就可以知道我說的話並不誇張了。

《師道輯要》云：村塾中之子弟，其年幼者天性漸變，嗜欲漸開；其年長者天性正移，嗜欲正熾。理欲關、善惡關、富貴貧賤關、天堂地獄關，悉判於此時。爲師者訓導有法，引之趨於天理，則其身其心必將日進於善，而賢人君子皆可從此而幾，百福千祥皆可從此而致，此則是錫之以富貴[1]而登之於天堂；爲師者訓導無法，任彼趨於人欲，則其身其心必將日即於惡，而大罪重孽早已從此而基，百禍千殃早已從此而種，此則是貽之以貧賤而陷之於地獄。其始也只一毫之差，若無關得失，其終也有千里之謬，直大判雲泥、杜漸防微之法，蓋可忽乎哉！

【注釋】①錫之以富貴：給予富貴，錫為賜予之意。

【譯文】《師道輯要》這本書上說：在鄉村私塾裏學習的孩子們，那些年紀還小的，他們的天性正逐漸發生變化，對各種欲望和嗜好的興趣也開始萌芽；而那些年紀稍大的孩子，他們的天性正慢慢被外界影響，欲望和嗜好正變得熾熱起來。在這個階段，他們面臨著理性與欲望的抉擇、善與惡的界限、富貴貧賤的選擇，以及天堂與地獄的導向，這些重大的人生關口都將在此時得以判定。作為老師，如果教導有方，能夠引導學生們走向天理正道，那麼他們的身心必然會日益向善，未來成為賢人君子也是指日可待，各種吉祥和福氣也會因此降臨到他們身上，這就像是賜予了他們富貴並引領他們步入了天堂一般。反之，如果老師教導無方，放任學生們沉迷於私欲之中，那麼他們的身心將逐漸走向邪惡，嚴重的罪行和惡業也將從此埋下種子，各種災禍和不幸也將因此種下，這就像是將他們推向了貧賤並陷入了地獄的深淵。這其中的差別，起初可能只是微不足道的一點點偏差，看似無關緊要，但最終卻可能導致截然不同的兩種人生軌跡，彷彿天壤之別。因此，防微杜漸、從小事做起的教育方法，又怎麼能夠忽視呢！

八、宜講世誼篇

官場中講世誼，較泛交爲親切，搢紳先生開館者，亦必講之，惟村塾之師不講，非不講也，不知世誼之重也。何謂世誼?如師之子侄，衆門生稱爲世兄，世兄亦稱衆門生爲世兄，即同門讀書之友，此稱彼爲世兄，彼稱此爲世兄。兄者，尊稱之辭。同學以德爲尊，故幼者可稱長者爲兄，長者亦可稱幼者爲兄；重之爲世者，謂世代相傳於無窮也。如師之子侄與門生，以世兄世弟相稱，下輩便以世叔世侄相稱，再下一輩亦然，孔李通家[①]，千古傳爲佳話，所以人苟訓蒙日入，門生必多，世誼必廣，但使受業於我者實有所得，而銘感不忘，不必人人皆反哺也，有一二發達者，以德報德[②]，不於師之身，必於師之子孫，然則師之眞心教人者，實所以自厚其子孫也。

【注釋】①孔李通家：出自《後漢書‧孔融列傳》：融幼有異才。年十歲，隨父詣京師。時河南尹李膺以簡重自居，不妄接士賓客，敕外自非當世名人及與通家，皆不得白。融欲觀其人，故造膺門。語門者曰：「我是李君通家子弟。」門者言之。膺請融，問曰：「高明祖父嘗與僕有恩舊乎？」融曰：「然。先君孔子與君先人李老君同德比義，而相師友，則融與君累世通家。」眾坐莫不歎息。後用「通家之好」來代表兩家世代交好的典範。②以德報德：出自《論語‧憲問》：「或曰：『以德報怨，何如？』子曰：『何以報德？以直報怨，以德報德。』」這裏強調的是人與人之間應該根據對方的德行來給予相應的回報。

【譯文】官場中講究世交情誼，這比泛泛之交更為親切。那些開設私塾的紳士先生們，也必定會講究這種世交情誼，但鄉村私塾的教師們則不講這些，並非他們不想講，而是因為他們不知道世交情誼的重要性。那麼，什麼是世交情誼呢？比如老師的子侄，眾多門生會稱呼他們為「世兄」，而這些「世兄」也會稱呼眾門生為「世兄」，即同門讀書的朋友之間，互相以「世兄」相稱。這裏的「兄」是尊稱，同學之間以德才為尊，所以年幼的可以稱呼年長的為兄，年長的也可以稱呼年幼的為兄。而前面加上「世」字，表示這種情誼是世代相傳、無窮無盡的。比如老師的子侄與門生之間以「世兄」「世弟」相稱，到了下一輩，便以「世叔」「世侄」相稱，再下一輩也是如此。像孔子和老子這樣的世交，千百年來傳為佳話。因此，如果一個人從啟蒙教育開始就不斷收徒，門生必然眾多，世交情誼也必然廣泛。但重要的是，只要跟隨我學習的人確實有所收穫，並且銘記在心，不必要求每個人都來報答。只要有一兩個發達了，他們自然會以德行來回報，這種回報不一定體現在老師本人身上，但一定會惠及老師的子孫後代。這樣看來，老師真心誠意地教導學生，實際上也是在為自己的子孫後代積德。

豈獨師生之世誼爲然？卽同學之世誼，莫不皆然。蓋人同師受業，如同胞弟兄一般，朋友列在五倫，而於同學爲尤重。子華使齊，冉子直以五秉贈其母[1]，何等胸襟、何等慷慨！師日講此等大義，無論同堂可少口孽，而自幼長成，便知朋友一倫之重。古詩云：「君乘車，我戴笠，他日相逢下車揖；君擔簦[2]，我跨馬，他日相逢爲君下。」前途漆黑，非人所能預知，卽有同館之緣相敬相愛，異日有達而在上，位列通顯者，口舌春風皆可嘘枯生朽；卽子孫零落，他鄉相遇，追敍前代交情，尤有將伯之助[3]。少年昏蒙，焉能具此見識？而塾師苟能爲之講說，未必不能發其天良。卽如散學出館，務令長者在前，少者在後，則徐行後長之義在其中矣；護庇幼者，勿令長者肆其欺淩，則恤孤慈幼之道在其中矣。

【注釋】①出自《論語·雍也》：「子華使於齊，冉子為其母請粟。子曰:「與之釜。」請益。曰:「與之庾。」冉子與之粟五秉。」子華:孔子學生,姓公西,名赤,字子華。使:出使。冉子:冉求。秉:古代量名,庚當時的十六斛,五秉則為八十斛。②簦(dēng):古代有柄的笠,此處代指步行或簡陋的交通工具,與乘車形成對比。③將伯之助:出自《詩經·小雅·正月》:「載輸爾載,將伯助予。」將:請求;伯:長者。請求長者幫助。指別人對自己的幫助。

【譯文】難道僅僅是師生之間的世代情誼是這樣嗎?即使是同學之間的世代情誼,也無不如此。因為人們共同師從一師接受教育,就如同同胞兄弟一般親密。朋友關係位列五倫(君臣、父子、兄弟、夫婦、朋友)之中,而在同學之間這種情誼尤為重要。子華出使齊國時,冉有直接用五秉糧食贈送給子華的母親,這是多麼寬廣的胸懷、多麼慷慨的行為啊!老師每天講授這樣的大義,不僅在課堂上可以減少口角紛爭,而且從小到大,學生們就能明白朋友這一倫理關係的重要性。古詩云:「你乘車我戴斗笠,將來相遇你定會下車行禮;你擔簦(此處代指步行)我騎馬,將來相逢我定會下馬問候。」未來的道路漆黑一片，不是人可以預知的，即使現在只是同學間相互尊敬愛護，將來有人飛黃騰達，身居高位，那麼他們的一句好話就能讓枯萎的生命重新煥發生機；即使子孫後代散落各地，他鄉相遇時，追憶起前輩們的交情，也依然能得到他們無私的幫助。年輕人年幼無知，哪里能有這樣的見識？但如果私塾的老師能夠為他們講解這些道理，未必不能激發他們的天性和良知。比如放學離開私塾時，一定要讓年長的同學走在前面，年幼的跟在後面，這樣慢行禮讓長輩的禮儀就蘊含其中了；保護年幼的同學，不讓年長的欺負他們，那麼憐憫孤兒、慈愛幼小的道理也就體現在其中了。

人人具有天良，而於爲童子時，習染未深，天良尤厚，但無人爲之提醒，是以彼昏不知耳。嘗見蒙師中有訓蒙一生而不知「世誼」二字，村塾中有讀書半生而不聞「世誼」二字者，可笑亦可憐也！

【譯文】每個人都有天性中的善良與良知，而在孩童時期，由於外界的不良影響還未深入，這種天良尤為濃厚。然而，如果沒有人提醒和引導，他們就會因為懵懂無知而未能意識到這一點。我曾經見過一些啟蒙教師，他們從事啟蒙教育一生，卻對「世誼」二字一無所知；也見過在鄉村私塾中讀書半生的人，從未聽說過「世誼」二字，這既可笑又可悲啊！

《師道輯要》云：學者，所以學爲人也。人不孝悌則非人，人不忠信則非人，人無禮義則非人，人無廉恥則非人，而人又何由知得孝、悌、忠、信、禮、義、廉、恥？要在爲師者隨事指點，因人化導，將這句書教他在自己身心上體貼，與己相干不相干；將這章書教他在自己身心上省察，看己當效不當效。更取可法可戒的故事，善報惡報的故事，多方提醒，果然教明白幾個人，便是通館的榜樣。故曰：「蓬生麻中，不扶自直；白沙在泥，與之俱黑[1]。」

【注釋】①出自《荀子·勸學》。意思是蓬草長在麻地裏，不用扶持也能挺立住；白沙混進了黑土裏，就會變得和土一樣黑。這句話以「蓬草」和「白沙」為喻，形象地概括了環境對人的成長、成才的重要影響。

【譯文】《師道輯要》中說道：「學者，其目的在於學習如何做人。一個人如果不孝順父母、不友愛兄弟，便不能算作真正的人；不忠誠守信，也不能算作真正的人；不懂禮義，同樣不能算作真正的人；若無廉恥之心，更非真正的人。那麼，人又如何能懂得孝、悌、忠、信、禮、義、廉、恥這些品德呢？關鍵在於教師需隨時隨地給予指導，根據學生的具體情況進行教育和引導。教師應將書中的道理教導學生，讓他們在自己的身心上實踐體會，判斷這些道理與自己是否相關；通過書中的章節，讓學生在自己的身心上進行反省，看自己是否應該效仿這些行為。此外，還應選取可供效法和引以為戒的故事，以及善有善報、惡有惡報的故事，多方面提醒學生。如果真能教明白幾個人，他們便會成為整個學堂的榜樣。因此說：『蓬草長在麻地裏，不用扶持也能挺立；白沙混進了黑土裏，就再不能變白了。』」

九、宜具遠識篇

今人說到狀元宰相，莫不愛之重之，試於蒙館中指一童子曰此可爲狀元，師未必信。又指一童子曰此可爲宰相，師亦未必信。其所以不信者何也？狀元宰相本難得之物也，此皆庸陋之師，鼠目寸光，不能見遠，故以菲薄之心待人。須知狀元宰相不是從天墜下，無非世人所生。當其入蒙館時，無非一個童子。降而至於翰詹科道[1]，一切仕路中人，莫不從童子長成，庶民之子爲公卿[2]，公卿之子爲庶民，天心所以難測也。

【注釋】①翰詹科道：指翰林院、詹事府、六科給事中、御史道，古代中央王朝的幾個部門。這裏泛指朝廷中的文官系統。②公卿：三公九卿的簡稱，泛指高官。

【譯文】現在的人們談到狀元（科舉考試中的第一名）和宰相（古代最高行政長官的通稱），沒有不喜愛和敬重的。你試著在私塾裏指著一個孩子說：「這孩子將來能當狀元」，老師可能未必相信。再指著一個孩子說：「這孩子將來能當宰相」，老師也可能未必相信。他們之所以不相信，是為什麼呢？因為狀元和宰相本來就是難得的人才，這些老師往往平庸淺陋，目光短淺，不能預見未來，所以就用輕視的心態去看待別人。但要知道，狀元和宰相並不是從天上掉下來的，無非也是由普通人成長起來的。當他們進私塾讀書的時候，也只不過是一個普通的孩子。從私塾出來，到進入翰林院、詹事府，或成為科舉考試中的進士、舉人，乃至朝廷中各種官職的人，沒有一個不是從孩子慢慢成長起來的。平民百姓的孩子可以成為公卿貴族，而公卿貴族的孩子也可能成為平民百姓，這就是天意難以預測的地方。

爲蒙師者，遇童子之資性聰明，卽當作一想曰：狀元宰相無非一個人，安知此子異日不爲狀元宰相乎？遇童子之資性庸劣，又當轉一想曰：農工商賈盡有大福澤人[1]，安知此子異日不又從他途發跡[2]乎？如此存心，自然不敢輕視弟子、耽誤弟子。教一個弟子卽想成就一個弟子，勿謂脩金太微，勿謂東家[3]不知甘苦，果有眞切訓蒙之心，魁斗文星[4]暗中呵護，自然遇著善緣，館運亨通；否則[5]遇著賢子弟，置身青雲，門牆生色[6]，師在則報師之恩，師死亦恤師之家。

【注釋】①大福澤人：能造福百姓、有大作為的人。②發跡：指人變得有財有勢，或指人離開原來的地方而發達起來。③東家：舊時稱聘用、雇用自己的人或稱租給自己土地的那些人，這裏指學生的家長。④魁斗文星：魁星和文曲星的合稱，都是中國古代神話中主宰文運的神靈，這裏用來象徵對教育的保佑和祝福。⑤否則：此處疑為衍文，導致前後文意不暢，故譯文不予翻譯。⑥門牆生色：原意是門庭增添了光彩，這裏指因為教出了優秀的學生而使自己的教學生涯增添光彩。

【譯文】對於做啟蒙老師的人來說，當遇到一個聰明的孩子時，應該立即想到：狀元宰相不過是一個人，怎麼知道這個孩子將來不會成為狀元宰相呢？當遇到一個資質平庸的孩子時，也應該轉變思維：農民、工人、商人都有可能成為對社會有大貢獻的人，怎麼知道這個孩子將來不會在其他領域取得成功呢？以這樣的心態對待學生，自然不敢輕視、耽誤學生，只要教一個學生，就要想辦法讓他成功。不要說獲得的酬勞太少不值得，也不要說東家不懂得老師的辛苦，只要真心想要教育孩子，就會得到上天的保佑，遇到好的機遇，學館自然會興旺發達；如果你遇到了教育賢能子弟的機會，等他們將來飛黃騰達，也會為你的教學生涯增光添彩。而學生在位高權重時，如果老師還在世，會報答老師的恩情；即使老師已去世，也會照顧老師的家庭。

人人具有天良，況身受培養之恩，豈有不能記憶者乎？若徒哄脩金糊口，而不以眞心教人，其弟子之終身愚賤者無論矣，卽有一二發達者，回想從前受業之時，師並未當眞心教我，卽有所報，不過略略應酬，非其徒之薄師也，師固薄之於前也。凡人訓蒙終身，而縷舉生平，並無一二感恩戴德之徒，則師之爲師可知矣。

【譯文】每個人都有良知，更何況還受過老師教育的恩惠，怎麼可能會忘記呢？如果老師只是為了混口飯吃而敷衍了事，沒有真心去教導別人，這樣的人所教育的學生可能終身愚昧卑賤且不說，即使有一兩個成功的人，回想起曾經受教育的時候，老師並沒有真心教導他，就算有的回報，也只會敷衍了事。這不是學生故意輕薄老師，而是老師在之前就沒有重視學生。但凡做了一輩子啟蒙教師的人，回顧自己的一生，卻沒有一兩個感恩師恩的人，那這個老師是一個什麼樣的人就知道了。

張無垢云：某見人家子弟醇謹[1]及俊敏者，愛之不啻，如常人之愛寶。惟恐其埋沒之、傷損之，必欲使之在尊貴之所，故教人家子弟不敢萌一點欺心。其鄙下刻薄，亦爲勸戒太息而感誘之，此平生所樂爲者。今人教人子弟，乃以主人厚薄爲隆殺[2]，亦可笑矣。《清波雜誌》載其言，以爲渾然忠厚之氣，可敬而仰之。愚謂塾師如此存心，非特忠厚而已，直是聖賢路上人。

【注釋】①醇謹：性格醇厚謹慎。②隆殺：增減，厚薄。這裏指用心程度的不同。

【譯文】張無垢說：我看到那些家中子弟性格醇厚謹慎以及聰明伶俐的，喜愛他們簡直就像普通人珍愛寶物一樣。我總是擔心他們被埋沒、受到傷害，因此一定要讓他們處於尊貴的位置上。所以在教導別人家的子弟時，我絕不允許他們心中生出半點欺詐的念頭。對於那些品行卑劣、刻薄的人，我也會盡力勸誡、歎息並引導他們走上正道。這是我平生最樂意去做的事情。然而現在有些人教導子弟，卻根據主人對他們的厚薄來決定教導的用心程度，這真是可笑啊。《清波雜誌》記載了他的這番話，認為這體現了他渾然天成的忠厚之氣，讓人可敬可仰。我認為，如果教書先生能這樣存心，那麼他不僅僅是忠厚，簡直就是行走在聖賢之路上的人。

孔子曰：「回也，視予猶父，予不得視猶子。」①可見師弟之間，原與父子無異，無論主人之厚我薄我，而我卽爲師，卽當盡心盡職，方不愧猶父之稱。乃村鄙之師，全不顧名思義，其弊皆由視子弟爲他人之子弟，而無至誠之心以相待。抑或謂：子弟皆無成之子弟，而不料有美材出其中。豫章②之生七年而後辨，則美材之爲塾師所誤者，塾師亦不之覺，及其覺之而悔已無及，則何如愼之於先之爲得計哉。

【注釋】①見《論語•先進》：顏淵死，門人欲厚葬之。子曰：「不可。」門人厚葬之。子曰：「回也視予猶父也！予不得視猶子也！非我也，夫二三子也！」②豫章：這裏借指人才，因為豫章木是一種質地優良的木材，常用來比喻有才能的人。

【譯文】孔子說：「顏回啊，他看待我就像父親一樣，而我卻不能像對待兒子那樣對待他。」這句話告訴我們，師生之間的關係，原本就應該像父子一樣親密無間，無論家長是否給予我厚報，作為老師，我都應該盡心盡力地教導他們，這樣才不愧對他們如父親般的尊敬。然而，有些鄉野村夫當老師，卻完全不顧及「老師」這個稱呼所承載的意義和責任，他們的弊端就在於，把學生當成是別人的孩子，沒有以一顆至誠之心去對待他們。更有甚者，認為這些子弟都是難成大器的，不曾想其中也可能隱藏著傑出的人才。就像豫章（一種樹木，這裏借指人才）需要七年時間才能辨別出它的優劣，許多優秀的人才可能就在這樣的忽視和誤導下被埋沒了，而老師往往沒有意識到這一點，等到發現時後悔已晚。所以，作為老師，我們應該從一開始就謹慎對待每一個學生，這才是明智的做法。

十、講授勿私篇

聖人之道，有教無類[①]，況髫年[②]之童子英華未露，非有大見識者不能辨其妍媸[③]，往往有少時聰明而長成未必聰明，少時愚魯而長成卻又聰明者，祖德之培植不同[④]，故子弟之成敗難定。總之我爲塾師，即有塾師之道，教之讀書，教之做人，隨事隨時爲之講解，一日講得一個字，十日便講得十個字；一日講得一個典，十日便講得十個典。日計不足，月計有餘[⑤]，故講解之爲功最大。

【注釋】①有教無類：出自《論語·衛靈公》。意指教育不分貴賤賢愚，對於誠意求學者皆一視同仁。②髫年：古代指七八歲的兒童，也泛指幼年。這裏用來形容年幼的孩子們。③妍媸：美好與醜惡，這裏用來比喻孩子們的優劣、才智的高下。④祖德之培植不同：意指孩子們的家庭背景、祖輩的薰陶培養各不相同，這會影響他們的成長和發展。⑤日計不足，月計有餘：這是一個成語，意思是每天看起來進步不大，但長期堅持下來，就會有顯著的成效。這裏用來形容教育的長期性和積累性。

【譯文】聖人的教育之道，是不分貴賤賢愚，一視同仁的。更何況年幼的孩子們，他們的才華和潛力還未顯露，沒有大見識的人往往難以分辨他們的優劣。常常有這樣的情況，小時候聰明伶俐的孩子長大後未必依然聰慧，而小時候看似愚鈍的孩子長大後卻可能變得聰明。這是因為他們的家庭背景、祖輩的薰陶培養各不相同，所以孩子們的未來發展難以一概而論。總而言之，作為私塾老師，我自然有我的教育之道，那就是既要教他們讀書識字，也要教他們如何做人。我會隨時隨事為他們講解，一天如果能教會他們一個字，十天就能教會他們十個字；一天如果能講解一個典故，十天就能講解十個典故。雖然每天看起來進步不大，但日積月累，成效就會顯現出來。因此，講解在教育中的功勞是最大的。

乃有妄自尊大之師，謂孩子尚幼，與之講未必聽得來；謂孩子太愚，與之講未必能領悟。甚有因某生之脩金較重，遂常爲之講解，而不使他生與聞；因數侄之爲我親人，遂私爲之講解，而不使諸生與聞者。行同市獪[①]，識類井蛙，豈是爲師之道？即謂學不躐等[②]，而一堂坐論，大衆同聞，何礙於事？所以師之以成心[③]待人、以不肖之心待人者，皆因其爲孩子而忽之也。豈知孩子從學於師，師或眞心教我，或未眞心教我，記之於心，終身不忘。

【注釋】①市獪：指市場上狡猾奸詐的商人，這裏用來比喻那些只顧私利、不顧學生整體利益的老師。②學不躐等：出自《禮記·學記》：「幼者聽而弗問，學不躐等也。」原指學習要循序漸進，不能跨越階段。這裏引申為即使學習有階段，但在課堂上大家一起聽講並不妨礙。③成心：指存心、故意，多含貶義，指有偏見或成見。

【譯文】然而卻有這樣的老師，他們妄自尊大，認為孩子們年紀還小，講了他們也未必能聽懂；又或者覺得孩子太笨，講了他們也未必能領悟。更有甚者，因為某個學生的學費交得比較多，就常常只為他一個人講解，不讓其他同學旁聽；又或者是因為某個學生是自己的親戚，就私下裏為他單獨講解，也不讓其他學生知道。這樣的行為就像市場上的奸商一樣，見識短淺如同井底之蛙，哪里能算是為人師表之道呢？即使說學習不能跨越階段，但在課堂上大家一起聽講，所有人都能同時學到，這又有何妨礙呢？所以，那些老師若是帶著成見去對待學生，或是以不屑一顧的心態去教學生，大多是因為他們把孩子看得太輕了。要知道，孩子們跟著老師學習，老師是否真心教導他們，他們都會記在心裏，終身難忘。

嘗見村塾之師，或有一二門人另從別師成名，必誇耀於人曰：「是嘗從學於我，我之徒也。」然試捫心自思：當日課此徒時[1]，果然盡心盡力、無愧於師否？夫果盡心盡力、無愧於師，其徒必感之於心、形之於口，不待其師之自言也。若未盡心盡力以教其徒，其徒方陰悔當日之誤從此師，而師反洋洋得意也，豈不謬哉？故凡人之訓人子弟者，當爲他日計[2]，而無爲目前計也。

【注釋】①課此徒時：指當初教導這個學生的時候。課，這里作動詞用，意為教導、教授。②當為他日計，而無為目前計也：教育應當為學生的未來着想，而不是只看眼前的成績或利益。這句話強調了教育的長遠性和前瞻性。

【譯文】我曾經見過一些鄉村私塾的老師，他們中有的會有一兩個學生後來跟了別的老師學習並成名了。這時候，這些老師往往會向人誇耀說：「這個學生曾經跟我學過，是我的門生。」然而，如果他們能捫心自問：當初在教這個學生的時候，是否真的盡心盡力、無愧於為人師表呢？如果老師真的做到了盡心盡力、無愧於心，那麼學生自然會在心裏感激，也會從口中表達出來，根本不需要老師自己去說。但如果老師當初沒有盡心盡力地教導學生，那麼這個學生可能私下裏還在後悔當初跟錯了老師，而老師卻還在那裏沾沾自喜，這豈不是太荒謬了嗎？所以，凡是在教育別人子女的人，都應當為他們的長遠未來考慮，而不是只看眼前的利益。

某明經①告予曰：「某爲童子時，曾從一鄉先生，學問頗好，人品亦頗端正，但於同堂講書之外，必檢一空時，私爲世兄講論，時予小有聰明，頗爲先生賞識，而先生方與世兄講時，予猝然至，先生卽閉口不講，時予年幼，意先生必有秘傳，而不肯使予聞也。越數年，予應童子試冠軍，而世兄尚未明白，且終其身未明白，不知先生當日之所講者何書、所傳者何訣，而世兄竟未得其秘也。先生世代書香，族中入泮[2]者多人，中式[3]者多人，而先生竟以布衣終，書香亦於先生止，或者其心之私，不合聖人大道爲公之旨乎?」予聞其言而異之，竊謂趨庭之訓[4]，不外雅言，聖人之道如大山，任學者之樵采，力大者多得，力小者少得，稱其願以相償，而於大山之量無損也。彼某先生，私爲其子講，而不使學生與聞，將謂學生之不如其子乎?抑恐學生之勝於其子乎?吾不知其何心也。

【注釋】①明經：古代科舉考試中的一種科目，主要測試對儒家經典的掌握程度，後泛指讀書人。②入泮：古代學宮前有泮水，故稱學宮為泮宮。科舉時代學童入學為生員稱為「入泮」。③中式：即「中試」，指考取功名的人。④趨庭之訓：指父親的教誨，語出《論語•季氏》：「鯉趨而過庭，曰：『學詩乎？』對曰：『未也。』『不學詩，無以言。』鯉退而學詩。」後指父親的教誨。趨，快走以示恭敬；庭，庭院。

【譯文】有位讀書人告訴我：「我小時候，曾跟隨一位鄉間的老師學習，這位老師的學問相當不錯，人品也十分端正。但在正常課堂講書之外，老師總會在空閒時間私下裏給他的兒子講解。那時我還算聰明，頗得老師賞識。但每當老師給兒子講解時，我一靠近，老師便立刻停止講解。那時我還小，心想老師定有秘傳之術，不願讓我知曉。過了幾年，我通過了童子試並奪得冠軍，而老師的兒子卻仍然學業未精，甚至一生都未能有所成就。我不知道老師當年究竟給兒子講了什麼書，傳了什麼秘訣，而他的兒子竟未能得到那份「秘笈」。老師家世代書香，族中有很多人考入了縣學，更不乏通過科舉考試進入仕途的，但老師自己卻一生布衣，家族的書香也似乎在他這裏斷了。或許是因為他的私心，違背了聖人大道為公的宗旨麼？」我聽到這些話後感到詫異，私下裏認為，家庭教育的內容，無非是雅正之言。聖人的學問就像一座大山，任由學者去樵采，力氣大的多采些，力氣小的少采些，各得其所，而大山本身卻不會因此有所損耗。那位老師私下裏只教兒子，而不讓學生參與，是覺得學生不如他的兒子嗎？還是害怕學生超過他的兒子呢？我真不明白他到底是怎麼想的。

十一、書宜熟讀篇

凡人幼時所讀之書，終身能記，至於成人所讀之書，不久卽忘，此亦人所共知之情也。我輩教書之人，皆從此中閱歷而來。回憶幼時所從之師，於某先生處發蒙，某先生處讀經。某先生認眞教我，我實身受其益；某先生疏略哄我，我實身受其害。事隔多年，無不一一記得。今日開館授徒，果能以先生之益我者爲法，自必認眞教我之徒；以先生之害我者爲戒，自必不肯哄我之徒。無如俗事分心，怠荒成習，加以散館人數太多，於是童子所讀之書，並未一一聽過，但求其多，以博東家歡喜，一本未熟，又添一本，名爲讀幾本書，而胸中實無一本。及至成人，文理雖通，而無書卷運用，空空疏疏，不成大器，此皆經師誤之也。

【譯文】一般人小時候讀的書，往往能終身記憶，而成年後讀的書，卻很快就忘記了，這也是大家共有的體會。我們這些教書的人，也都是從這樣的經歷中走過來的。回想起小時候跟隨的老師們，在某個先生那裏啟蒙，又在另一位先生那裏讀經書。有的先生認真教我，我確實從中受益匪淺；有的先生敷衍了事，我也確實深受其害。雖然時隔多年，但這些經歷我都一一記得清清楚楚。如今我開設學館教授學生，如果能以那些對我有益的先生為榜樣，自然會認真教導我的學生；以那些對我造成傷害的先生為鑒戒，自然不會去敷衍我的學生。但無奈的是，世俗之事常常讓我分心，懈怠荒廢成了習慣，再加上學館裏學生人數太多，以至於學生們讀的書，我並沒有一一聽過，只求數量多，以博取雇主的歡心，一本書還沒讀熟，又添加另一本，名義上是讀了幾本書，但實際上胸中並無一本書真正掌握。等到這些學生長大成人，雖然文理通順，但卻不會靈活運用書中的知識，空疏無物，難以成就大器，這都是因為他們的老師教導有誤所致。

夫讀書明理，要在身體力行。豈區區爲作文計?然卽爲作文計，讀一本，務必得心一本。從頭至尾，背誦一句不差，一字不錯，再令伊溫讀數日，隨抽隨背，爛熟於心，則讀一經，卽終身受一經之益。聖門賢人，子夏長於《詩》，子遊長於《禮》，漆雕開習《尚書》，商瞿習《易》，皆專精一經之明證。後人聰明萬不逮乎前人，乃欲並五經而習之，以言乎名則曰讀五經，以言乎實則一經未曾讀熟，甚無謂也。夫人之姿性不同，能遍讀五經固佳，卽不能遍讀，而熟讀一二經，融會貫通亦可取之不窮、用之不竭，故讀書宜熟不宜多。李遂人云:「今之塾師，無論教身心之學者難其人，卽認眞教記誦之學者亦難其人。」旨哉斯言!

【譯文】讀書的目的是為了明白事理，關鍵在於能夠親身實踐、身體力行，豈能僅僅局限於為了寫作文章而讀書呢？然而，即便是出於寫作的目的，讀一本書也應當全心全意地領悟這本書的精髓。要從頭到尾，一字一句都不差地背誦下來，然後再花幾天時間溫習，做到隨機抽查都能流利背誦，將內容爛熟於心。這樣，每讀一部經典，就能終身享受這部經典所帶來的益處。看看古代聖門中的賢人，子夏擅長《詩》，子遊精通《禮》，漆雕開研習《尚書》，商瞿研習《易經》，這些都是他們各自專精於一經的明確證據。後人的聰明才智遠遠比不上前人，卻想要同時學習《五經》，名義上說是每天在讀《五經》，但實際上哪一經都沒有真正讀熟，這實在是毫無意義。每個人的資質和性格不同，能夠遍讀《五經》固然好，但如果不能遍讀，那麼熟讀一兩部經典，並做到融會貫通，也能從中獲得取之不盡、用之不竭的知識和智慧。因此，讀書應該追求精熟而不是數量。李邃人曾說：「現在的私塾老師，不論是教授身心修養的學問，還是認真教授記誦之學的，都很難找到真正合適的人選。」這句話真是說到點子上了！

顏之推曰：「學者，猶種樹也。春玩其華，秋登其實。講論文章，春華也；修身利行，秋實也。人生小幼，精神專利，長成以後，思慮散逸，固須早教，勿失機也。吾七歲時，誦《靈光殿賦》，至於今日，十年一理，猶不遺忘；二十之外，所誦經書，一月廢置，便至荒蕪矣。」[①]愚聞一老先生云：凡人幼時，天真未鑿[②]，所以記性偏重，至於作文用心，思路日開，則悟性偏重，而記性反輕，所以孩子自七歲至二十歲，總以熟讀經書爲要，誠得賢師訓課，十餘年之中，認眞讀經，以爲根柢[③]，他日發揮出來，便是終身受用之具，而世之爲塾師者，往往疏疏略略[④]，不肯認眞，此文風之所以日卑，而人才之所以不出也。蘇東坡送安秀才詩云：「舊書不厭百回讀，熟讀深思子自知。」是卽東坡教人讀書之法，而童子何知，不重有賴於塾師哉？

【注釋】①語見《顏氏家訓·勉學第八》。顏之推(531－約597)，字介，生於江陵(今湖北省江陵縣)，祖籍琅邪臨沂(今山東省臨沂市)，中國古代南北朝時期文學家、教育家，有《顏氏家訓》一書傳世。專利：專一而敏銳，此處指年幼時精神集中、記憶力強。散逸：分散、不集中，此處指長大後心思容易分散。《靈光殿賦》：東漢文學家王延壽所作的一篇大賦，以描寫宮殿建築為主。②天真未鑿：天性純真，未被世俗或教育雕琢。③根柢：基礎、根基，此處指通過讀經打下的知識基礎。④疏疏略略：馬虎、不認真的樣子。

【譯文】顏之推說：「學習，就像是種樹一樣。春天欣賞它的花朵綻放，秋天收穫它的果實累累。探討文章辭藻，就像是春天的花朵；修養品德、利於行事，就如同秋天的果實。人在年幼的時候，精神專注且記憶力強，等到長大成人後，心思就容易分散，因此必須及早教育，不要錯過最佳時機。我七歲的時候，背誦《靈光殿賦》，直到現在，每隔十年溫習一次，仍然能夠絲毫不忘；但二十歲之後所背誦的經書，如果一個月不去復習，就會變得生疏遺忘。」我聽過一位老先生這樣說：每個人在年幼時，天性純真未被雕琢，所以記憶力特別強，而到了需要用心寫文章、思路逐漸開闊的時候，則悟性變得更重要，而記憶力相對減弱。因此，孩子從七歲到二十歲這個階段，主要任務是熟讀經典書籍，如果能夠得到賢良老師的教導，在這十多年的時間裏，認真研讀經典，打下堅實的基礎，將來這些知識就會成為他們終身受用的財富。然而，現在社會上的私塾老師，往往教學馬虎，不肯認真負責，這也是文風日漸衰落、人才難以湧現的原因。蘇東坡在送給安秀才的詩中寫道：「舊書不厭百回讀，熟讀深思子自知。」這正是蘇東坡教人讀書的方法，而孩子們年幼無知，不正是更加依賴於老師的認真教導嗎？

十二、宜審強弱篇

孩子稟賦，強弱不齊，塾師當細審之。其強者終日誦讀無害於事，其弱者誦讀一番，須令其歇息一番，若不論強弱，一概施行，孩子易於得病，甚則不免夭凶。人生以性命爲重，即不能讀書，未必不可成人，乃因讀書之故而染病以死，其父母之愚者，或不解其致死之由，而冤沉地府，豈無報施?聖人之道，本以造就人材，而不善用之，誤人性命，幾同庸醫殺人，良可慨也。

【譯文】孩子們的天資稟賦不同，有強有弱，塾師應該仔細觀察。對於那些學習能力強的孩子，可以讓他們整天誦讀書籍，也不會對他們造成傷害。而對於學習能力較弱的孩子，誦讀一段時間後，就要讓他們休息一會兒。如果不管孩子們學習能力的強弱，都一概施行相同的學習方法，孩子就會容易生病，甚至可能喪命。人的生命最重要，即使不能讀書，也未必不能成為有用之人。但如果因為讀書的緣故而染上疾病甚至喪命，那些不明事理的父母，或許不明白孩子死亡的真正原因，就會含冤而去，這樣的冤屈難道不應該得到報應嗎？聖人的教育之道，本意是為了培養人才，但如果不能善加運用，反而害了孩子的性命，那就幾乎和庸醫殺人沒有區別了，這實在是令人感慨啊！

嘗見塾師之殘酷者，勒限子弟讀書若干，天未明卽令之起，夜已深不令之睡，不能背誦，卽加重責，責之不已，罰令跪讀，甚有罰頂硯臺，罰頂板凳，罰跪碎瓦者，孩子有許多精神如此摧折，安望其有靈機?就使熟記十三經，而文理不通，何濟於事?況讀書只是學做好人，孩子在學堂只要能守學規，沒得大乖張皮氣，便可不必重責；至於讀書，只要先生耐煩耐坐，酌量其每日能讀若干字，按課用功，自有長進，何得傷天害理，任意淩虐乎?竊維聖人教弟子之法，孝悌、謹信、泛愛、親仁，而學文乃其餘事，後人專教餘事，而於聖人之所重者置之不言。束髮受書[1]，徒知誦讀，書自書而我自我，是以能文之士雖多，而實行之士恒少。誠於發蒙時，教之以正，灑掃應對進退，具有規模，則希賢希聖之基，肇於童稚。

【注釋】①束髮受書：古代男孩子在成童之年(約十五歲)開始接受正規教育，這裏泛指開始接受教育。

【譯文】我曾經見過一些非常殘酷的私塾老師，他們給學生定下嚴格的讀書期限，要求在天還沒亮的時候就起床讀書，直到夜深了也不讓學生睡覺。如果學生不能背誦指定的內容，就會遭到嚴厲的責罰，責罰還不止於此，甚至會被罰跪著讀書，更有甚者，會被罰頭頂硯臺、板凳，或者跪在碎瓦片上。孩子們的精神和身心受到如此摧殘，又怎能指望他們保持聰明伶俐呢？就算他們勉強熟記了十三經，但如果連基本的文理都不通，又有什麼用呢？況且，讀書的真正目的應該是學習如何成為一個好人。在學堂裏，只要孩子能遵守學規，沒有太大的頑皮和叛逆，就不應該受到重罰。至於讀書，只要老師有耐心，願意花時間，根據學生的實際情況，合理安排他們每天能讀多少字，按照課程進度用功，自然會有進步。怎麼能夠傷天害理，任意欺凌虐待學生呢？我私下裏認為，聖人教導弟子的方法，首先注重的是孝悌、謹信、泛愛、親仁等品德修養，而學習文化知識只是其次。但後人卻專注於教授這些次要的知識，而忽略了聖人所重視的品德教育。孩子們從幼年開始就接受書本知識，只知道死記硬背，書本是書本，自我是自我，所以雖然能寫文章的人很多，但真正能踐行聖人教誨的人卻很少。如果能在孩子啟蒙的時候就教給他們正確的道理，從灑掃應對進退等日常小事做起，培養他們的良好習慣和品德，那麼他們未來追求賢德、成為聖人的基礎，就從小時候開始奠定了。

孔子云：「少成若天性，習慣如自然。」[①]眞至言也。若蒙養不正，嗜欲漸開，勢必不顧天良，恣意爲惡，卽祖德深厚，天牖其衷[②]，頓悟前日之非，改弦易轍，而「失之東隅，收之桑榆[③]」，其與少時培養有法，層累而上者，奚啻天壤[④]？性相近而習相遠，非童子師任其咎，而誰任其咎也哉！

【注釋】①少成若天性，習慣如自然：引文最早見西漢賈誼《治安策》。意為小時候養成的習慣就像天性一樣難以改變，長期的習慣則變得如同自然本能。②天牖其衷：指上天啟迪其內心，使其覺悟。牖，意為啟迪、開導。衷，內心。③失之東隅，收之桑榆：出自於《後漢書·馮異傳》：「始雖垂翅回溪，終能奮翼黽池，可謂失之東隅，收之桑榆。」原指在某處先有所失，在另一處終有所得。

比喻開始在這一方面失敗了，最後在另一方面取得勝利。東隅，指日出的地方，代指早晨；桑榆，指日落的地方，代指晚上。④奚啻天壤：怎麼能夠相比，簡直是天壤之別。啻，通「只」，僅，止。天壤，指天和地，極言差別之大。

【譯文】孔子說：「年輕時的品性就像是與生俱來的，習慣就像是自然而然的。」這是非常真實的話。如果啟蒙教育不正確，嗜欲會逐漸增長，必然會不顧良心，任意作惡。就算他的祖先德行深厚，上天也想要啟迪他的內心，讓他突然意識到以前的錯誤，決心改弦更張，雖然也可能有「在日出時有所失，卻在日落時有所得」這樣的轉機，但與那些從小就接受良好教育，循序漸進、日積月累培養起來的人相比，兩者的差距豈不是天壤之別嗎？人的天性本來相近，但由於後天所受的影響各不相同，於是差距越來越大。這不是啟蒙老師的過失，又能是誰的過失呢？

余同里某先生，專教誦讀，而以打人馳名。如遇學生不能背誦，動輒數十板，每夜讀書必以三更爲率①，有伏案渴睡者②，卽痛打之使醒，學生困極，至於入廁小解倚牆壁睡，先生見其人不歸案，挾板尋之，得其狀，又痛打之使醒，里人呼爲某打鐵③，紀其實也。而鄉愚無知，反稱先生爲善教，多送子弟從之，其子弟之體強者尚堪受其磨折，而子弟之體弱者往往因而致疾，以至夭亡，父母皆以爲命，而不知先生害之也。先生窮困終身，老而絕嗣，或謂先生辛苦如彼，得報如此，疑天道之無知，而其徒有明經某④，年已五旬，追敘昔日從事之苦，慨然曰：「先生固功之首⑤，罪之魁也。」自此言一出，而先生之論定矣。

【注釋】①三更為率：以三更（古代夜間的計時單位，相當於現在的深夜）為學習的結束時間。②伏案渴睡者：趴在桌子上因困倦而打瞌睡的學生。③里人呼為某打鐵：鄉里的人因此都戲稱他為「某打鐵」，用以形容他頻繁打人的情況。④明經某：指通過科舉考試中明經科的一位學生，明經是古代科舉考試中的一種科目，主要考察對儒家經典的掌握。⑤功之首，罪之魁：既是成就學生學業的功臣，也是導致學生受苦的罪魁。

【譯文】我們鄉里有一位先生，專門以教學生誦讀為主，但他卻以打學生而出名。如果遇到學生背誦不出來，動輒就是幾十板子。每晚讀書必定要以三更天為限，有學生趴在書桌上因困倦打瞌睡，他就會痛打一頓讓學生清醒。學生們實在太困了，甚至去廁所小便時都會倚靠著牆壁睡著，這位先生如果發現學生不在書桌旁，就會帶著板子去找，發現學生睡著後，又是一頓痛打讓他醒來。鄉里的人因此都戲稱他為「某打鐵」，這確實是他的真實寫照。然而，那些鄉村裏愚昧無知的人，反而稱讚這位先生善於教學，紛紛把自己的孩子送去他那裏學習。那些身體強壯的孩子或許還能承受這樣的折磨，但體弱的孩子往往因此生病，有的甚至夭折。他們的父母都認為這是命該如此，卻不知這是先生造成的傷害。這位先生一生窮困潦倒，到老都沒有子嗣。有人議論說，先生如此辛苦付出，卻落得這樣的下場，懷疑天道是否無知。但他的一個已經五十多歲、通過科舉考試成為明經的學生，回憶起當年跟隨先生學習的苦楚，感慨地說：「先生既是成就我們學業的功臣，也是導致我們受苦的罪魁。」從這句話開始，這位先生的功過是非也就有了定論。

十三、宜辨良莠篇

村塾之中，良莠不齊，塾師須辨某徒馴善，某徒桀驁，馴善者待之宜寬，桀驁者待之宜嚴，當撻則撻，當罵則罵，諸生方知敬畏。若優柔不振[①]，自失威嚴，學規何由而肅？語云：「法立而後知恩。」譬如牧民之官，固當以愛民爲心，然徒博仁慈之名，使人狎而生玩[②]，則盜賊橫行，良民受害。自古循良之吏[③]，不以酷刻爲能，亦不以優柔貽患，每於下車之始[④]，緝拿地方中之極惡刁棍，出名大盜，盡法處治，殺一人以懲衆，凜然有不可犯之威，而後漸漸撫綏，徐徐化導，是以百姓畏其威，而服其德。

【注釋】①優柔不振：軟弱無力，不振作。②狎而生玩：過於親近以至於輕視法律。狎，親近而不莊重；玩，輕視。③循良之吏：指守法循理的官吏。④下車之始：指官員初到任所。古代官員上任，乘坐馬車前往，到達後下車，稱為「下車」。

【譯文】在鄉村的私塾裏，學生們的品行各不相同，有好有壞。作為私塾的老師，需要分辨出哪些學生溫順善良，哪些學生桀驁不馴。對待溫順善良的學生，老師應該寬容以待；而對於那些桀驁不馴的學生，則應該嚴格要求，該責打時就責打，該訓斥時就訓斥，這樣學生們才會知道敬畏老師。如果老師太過溫和軟弱，失去了威嚴，那麼學校的規矩又怎麼能嚴肅起來呢？俗話說：「法律制定之後，人們才會懂得感恩。」這就像管理百姓的官員一樣，固然應該以愛護百姓為心，但如果只是追求仁慈的名聲，讓人過於親近以至於輕視法律，那麼盜賊就會橫行，良民就會受害。自古以來，那些真正有德行的好官，並不以嚴酷刻薄為能事，也不會因為過於寬容而帶來禍患。他們往往在剛上任的時候，就嚴厲打擊地方上的惡霸和有名的大盜，依法懲治，通過處死一兩個罪大惡極的人來警示眾人，展現出不可侵犯的威嚴。隨後再逐漸安撫百姓，慢慢進行教化引導，這樣一來，百姓既畏懼他們的威嚴，又感激他們的恩德。

聖人「撲作教刑」[①]，明明以賞罰之權付於師長，則開館之初，必先有一番振作，而後可以化桀驁爲馴善。但「不教而殺」[②]，爲政尚有「虐」之名。則不教而撻，爲師難免虐之咎。吾謂師不徒以撻人爲能者，非謂其一概不撻，必先教之不從而後撻之也。

【注釋】①撲作教刑：出自《尚書·舜典》：「象以典型，流宥五刑，鞭作官刑，撲作教刑，金作贖刑。」上古刑法的一種。此處指對於不勤奮的，罰其體警其心。②不教而殺：出自《論語·堯曰》：子曰：「不教而殺謂之虐，不戒視成謂之暴，慢令致期謂之賊，猶之與人也，出納之吝，謂之有司。」

意思是指事先不教育人，一犯錯誤就懲罰。

【譯文】聖人「設立了教鞭作為教育的輔助手段」，並明確地將賞罰的權力交給了師長。因此，在開辦學館之初，師長必須先有一番振作精神的表現，然後才能將那些桀驁不馴的學生轉化為溫順善良的學生。但是，「如果不進行教育就直接懲罰甚至處死」，這在為政上會被視為「暴虐」。同樣地，如果不進行教育就直接責打學生，作為師長也難以避免被指責為暴虐。我認為，作為師長，不能僅僅以責打學生為能事，但這並不意味著一概不責打學生。正確的做法應該是先對學生進行教育，如果學生不聽從教導，那麼再進行責打。

官之牧民①者，非失之酷，則失之柔，師之教徒者亦然，故凡士之窮而善於課徒者，可以卜其達而善於爲官，坐言與起行無二道也。古之立朝而有風骨者，雖權貴在所不避，而況於授徒？

以授徒之師，而反畏徒之桀驁，直是天下無用之人，何可受人之托而爲人之師?然此等塾師，大都村鄙之儒，自幼未從名師，未聞大教，於成己成人道理，毫無體貼②，安能激發子弟之天良?故凡師之講究天理良心、因果報應者，其子弟必有可觀，但以言導之，尤必以身先之，亦有自家講究而教徒卻不講究者，是皆有愧於人師也。

【注釋】①牧民：古代指統治人民，管理百姓。②體貼：體會並理解，切身體驗。

【譯文】官員治理百姓時，不是過於嚴苛就是過於寬柔，同樣，老師教導學生也存在這樣的問題。因此，那些雖然處境困頓但擅長教導學生的士人，往往預示著他們將來能夠通達事理並善於為官，因為坐而論道與起而行之其實是同一道理的不同表現形式。古時候在朝中任職且保持氣節的人，即使面對權貴也毫不退縮，更何況是教導學生呢？如果一個老師因為教授學生反而害怕學生中的桀驁不馴者，那這樣的人簡直是天下無用之人，怎麼能受人之托成為別人的老師呢？然而，這樣的私塾老師，大多出身鄉野，自幼沒有跟從名師學習，也沒有接受過廣博的教育，對於成就自己和學生的道理一無所知，又怎麼能激發學生的天賦和良知呢？因此，凡是那些講究天理良心、因果報應的老師，他們的學生往往會有不錯的表現。但僅僅用言語來引導是不夠的，老師更應該以身作則，親自示範。不過也有老師自己講究這些道理，但在教導學生時卻不注重，這樣的行為都是有愧於為人師表的。

石天基曰：天下子弟，壞於父兄之不教者十之二三，壞於師之不教者十之八九，而鄉館之師爲尤甚。蓋其師品不一，工課多疏，可憐平等人家，原未妄想中科中甲，惟求知書達理，成個明白好人，殊不知鄉里一二十家，頑童惡少，聚積一處，敗壞甚速，往往家中未聞之穢語，一入鄉館無不聞，家中未習之惡事，一到鄉館無不習，由是不說誑者會說誑，不放肆者會放肆，不賭博、不淫戲者，會賭博淫戲，誠實化爲刁頑，聰明變作奸巧，長大成人，心愈放、膽愈大，亡身敗家，無所不至，故鄉師可爲而不可爲也。操無刃之戈矛，戕有生之命脈，所以天地不容，鬼神不佑，窮年咿唔[①]，終身蹭蹬[②]，意外飢寒，非常落魄，皆教學自作之孽耳。（見《元宰必讀書》今節錄之。）

【注釋】①咿唔(yī　wú)：象聲詞，形容讀書的聲音。②蹭蹬(cèng　dèng)：比喻困頓失意，遭受挫折。

【譯文】石天基說：天下的孩子，因為父兄不教育而變壞的佔十分之二三，而因為老師不教育而變壞的佔十分之八九，特別是鄉村私塾的老師問題更為嚴重。這是因為鄉村私塾的老師們品質參差不齊，教學功課大多敷衍了事。可憐那些普通的家庭，原本並沒有奢望孩子能科舉中第，只求孩子能識字明理，成為一個明白事理的好人。但他們不知道，在鄉村私塾裏，一二十家的頑皮孩子、不良少年聚集在一起，互相影響，變壞的速度非常快。往往家裏沒聽過的污言穢語，一進私塾就都學會了；家裏沒沾染過的惡習，一到私塾就無一不學。於是，原本不說謊的孩子學會了說謊，原本不放肆的孩子變得放肆，原本不賭博、不淫穢戲謔的孩子也染上了這些惡習。誠實變成了刁頑，聰明變成了奸詐狡猾。等這些孩子長大成人，心越來越放縱，膽子越來越大，最終可能導致身敗名裂，家破人亡。所以說，當鄉村私塾的老師，可以做但也不是輕易能勝任的。因為老師手裏雖沒有實體的刀劍，但他們的教育卻像無形的戈矛，能夠傷害孩子們的生命和前程。這樣的行為，天地不容，鬼神也不會保佑。因此，那些終年在私塾裏教書，卻教不出好學生的老師，最終可能會遭遇貧困、飢餓、寒冷，生活非常落魄，這都是他們自己教學不善所造成的惡果啊。

十四、大宜防閑篇

村塾中讀書之童，大抵愚蠢者多，聰明者少，往往有年交十六七歲，嗜欲[1]已開，而胸中模糊，不明一點義理者，塾師貿貿[2]，每以之爲大徒，凡事假以辭色[3]，或小徒有口角生非之事，往往以大徒之言爲憑；甚有大徒與小徒口角，告訴塾師，而塾師專責小徒，不責大徒，以與之留體面者，不知大徒挾師之勢，往往欺淩小徒，無所不至，卽裁抑之，猶難保其無弊，而況縱容之乎？

【注釋】①嗜欲已開：指情欲開始萌發，通常指進入青春期後的少年開始對異性產生興趣和嚮往。②貿貿：此處可理解為糊裏糊塗，不明事理的樣子。③假以辭色：用言辭和臉色表示客氣或尊重。

【譯文】在鄉村私塾裏讀書的兒童，大多數都是愚鈍的比較多，聰明的比較少。往往有些孩子到了十六七歲，雖然情欲已經萌發，但心中卻仍然一片模糊，對基本的道理和倫理都不清楚。而私塾的老師往往也糊裏糊塗，他們經常把這些年紀稍大的學生視為大徒弟，對待他們總是客客氣氣，言辭溫和。如果小徒弟之間發生了爭執或糾紛，老師往往會以大徒弟的話為憑據來處理。更有甚者，當大徒弟與小徒弟發生口角並告訴老師時，老師往往只責備小徒弟，而不責備大徒弟，似乎是為了給大徒弟留面子。然而，他們不知道的是，這些大徒弟常常利用老師的權威欺壓小徒弟，無所不為。即使老師試圖壓制他們，也很難保證沒有弊端出現，更何況是縱容他們呢？

凡人到十六七歲，尚在蒙館讀書，其學識可想而知，師之有深慮者，即同堂讀書，猶不可使小徒與之聚處、與之閒談，防其糊言亂語，引開孩子情識也。孩子防閑得好，有長至十六七歲，而情識[1]猶未開者，成人便少疾病，便好幹一切事功。然自小在村塾中發蒙，多被大者引壞，往往未至成童，情識已開，病根已伏，或十八九歲而亡，或二十餘歲而亡，庸人咸諉之命，而不知其暗中戕賊，有以速之斃也。故凡館中有一二大徒，情識已開，師無防範，未有不將通館之小徒引壞者。人皆知村塾爲教子弟之學堂，而不知爲害子弟之火坑。何以言之?孩子未讀書時，天性未漓[2]，譬如渾金璞玉[3]。一入學館，耳聽邪言，口說邪話，不知不覺遂走入禽獸路上[4]去了。「近朱者赤，近墨者黑」，其明驗也。

【注釋】①情識：指情感和欲望的認知。②天性未漓：指天性純真未受污染。③渾金璞玉：比喻天然美質，未加修飾。此處用來形容孩子天性純真。④禽獸路上：比喻走上錯誤的道路，喪失道德和良知。

【譯文】一般來說，人到了十六七歲，如果

還在蒙學（即基礎教育階段）讀書，其學識水準可想而知是有限的。有遠見的老師，即使在同一學堂裏讀書，也不會讓小徒弟與大徒弟（指年齡較大或入學較早的學生）過多聚集、閒聊，以防他們被大徒弟的胡言亂語所誤導，從而引發孩子對情感和欲望的過早認知。如果孩子的防範做得好，有的孩子長到十六七歲，情感和欲望的認知仍然相對滯後，這樣的孩子長大後往往身體少病，也更能勝任各種事務。然而，許多孩子在鄉村私塾中啟蒙時，常常被大徒弟帶壞，往往在還未成年時，情感和欲望的認知就已經開啟，病根也已埋下。有的孩子可能十八九歲就離世，有的則活到二十多歲。平庸的人常常把這歸咎於命運，卻不知道這是因為在暗中被不良影響所害，加速了他們的早逝。所以，私塾中只要有一兩個情感和欲望已經開啟的大徒弟，而老師又沒有防範措施，那麼這些大徒弟幾乎都會把全學堂的小徒弟帶壞。人們都知道鄉村私塾是教育子弟的地方，卻不知道它也可能是危害子弟的火坑。為什麼這麼說呢？因為孩子在沒有讀書之前，天性純真未受污染，就像未經雕琢的玉石。但一旦進入學堂，耳朵聽到的是不良言論，嘴裏說的也是歪理邪說，不知不覺間就走上了錯誤的道路。「近朱者赤，近墨者黑」，就是這個道理的明證。

竊思子弟之入村塾者，多係貧賤之家，前人不明書理之家，其子弟之成敗，全在塾師身上，教成一個子弟，其祖宗之陰靈如何感激！引壞一個子弟，其祖宗之陰靈如何嗔憾！感激則思報德，嗔憾則思報怨，此必然之理也。夫師豈有引壞子弟之心？然館中之大徒引壞小徒，其咎皆歸於塾師，「虎兕出於柙，龜玉毀於櫝中」①，聖人固言之矣。

【注釋】①虎兕出於柙，龜玉毀於櫝中：出自《論語·季氏》。意思是虎、兕從木籠中逃出；比喻惡人逃脫或做事不盡責，主管者應負責任。在這裏，作者用它來比喻私塾中因防範不嚴而導致的大徒弟帶壞小徒弟的情況。

【譯文】我私下裏思考，那些進入鄉村私塾讀書的孩子，大多來自貧寒或不通文墨的家庭。這些孩子的成敗，幾乎完全取決於私塾老師的教導。如果老師能教出一個有出息的孩子，那麼這個孩子的祖先在天之靈會多麼感激！相反，如果老師把孩子帶壞了，那麼祖先在天之靈又會多麼怨恨！感激之情會讓人想要報答恩德，而怨恨之情則可能引發報復。這是理所當然的道理。老師難道會有意去帶壞學生嗎？然而，私塾中如果有大徒弟（年齡較大或入學較早的學生）帶壞了小徒弟，這個過錯往往都會歸咎於私塾老師身上。正如古人所說，「老虎和犀牛從籠子裏跑出來傷人，珍貴的龜甲和寶玉在匣子裏被毀壞」，這些都是因為管理不善、防範不嚴所導致的。聖人早已告誡過我們這一點。

《師道輯要》云：村館之中，學徒聚集，動

以十計，黠愚不一，動靜各殊。若不嚴立規矩，時刻查點，懇切開示，則罔知忌憚之童蒙，必至無所不爲矣。蓋此唱彼和之餘，黠者固黠，愚者亦可變爲黠，耳濡目染之下，動者固動，靜者亦可變爲動，故有年未出幼，因同學誘開欲竇，斷喪身命者；有群相賭勝，恃強力跳險負重，損傷成病者；有竊效雞姦①，致玷終身者；有陰學賭錢，胎成固匪者。種種弊端，皆起於年長佻達之徒②，塾師不加防閑，一旦釀成巨禍，罪坐己身，薛諳律謂，宋時曾有此案，包大尹斷以圖財害命之罪，可爲庸師誤人者戒。

【注釋】①雞姦：古代對同性戀或性侵犯行為的貶稱，此處指不良行為。②佻達之徒：指行為不檢點、放蕩不羈的學生。

【譯文】《師道輯要》裏說：在鄉村學堂中，學徒們聚集在一起，往往都有十幾個人，有聰明的，也有愚笨的，有活躍的，也有安靜的。

如果老師不嚴格制定規矩，時刻檢查，真誠地教導，那麼這些孩子們就會毫無顧忌地胡作非為。因為在他們唱和的過程中，原本就聰明的學生可能會變得更加狡猾，而那些原本愚鈍的學生，在不良風氣的薰陶下，也可能變得狡猾起來。在這種耳濡目染的環境下，原本就活潑好動的學生自然會繼續保持他們的活躍，而那些原本安靜的學生，也可能被帶動得變得好動。有的學生因為受到同學的誘導，年紀輕輕就打開了欲望的閘門，最終喪失了自己的生命；有的學生則是因為聚在一起打賭爭強好勝，仗著自己力氣大就去冒險做危險的事情，結果身體受損，甚至落下病根；還有的學生模仿不良行為，比如偷竊或參與不正當的男女行為，導致終身名譽受損；更有的學生偷偷學習賭博，最終墮落成為非法之徒。這些種種弊端，大多都是由那些年長且輕浮的學生引起的，如果私塾的老師不加強防範和監管，一旦釀成大禍，責任就會落在老師自己身上。薛諧律曾經說，宋朝曾經有過這樣的案例，包大人在審理時，將這些老師以「圖財害命」的罪名來定罪，這可以作為那些庸碌無能、誤人子弟的老師的警示。

十五、小宜護惜篇

童子尚幼，富貴之家自必延師專課，至於貧賤之家，比鄰有館，卽送去發蒙，其常事也。而爲蒙師者，既無專東延請[①]，又靠束脩養家，廣攬博收，何暇擇別，所以散館之中，往往大小不齊，良莠混雜，而童子之年幼者，師不留心護惜，難免大者欺淩。譬如一母所生之兒，同室嬉遊，口角參商[②]，在所不免，而父母之心無微不察，雖有極刁極惡之大兒，而幼子得保無傷者，父母庇之也。訓蒙之師，果以父母之心爲心，必時刻將門人繫之心中，而於幼者尤爲加意。孔子云：「少者懷之。[③]」孟子云：「幼吾幼以及人之幼。[④]」試觀世上的人，凡有慈幼之心者，其子孫必繁衍；至於絕後的人，往往心毒，所以仁慈卽爲生子之源。

【注釋】①專東延請：被專門聘請的待遇。專東，專門的東家。②口角參商：口角爭執。參商，即參星與商星。兩星不同時在天空出現,因以比喻親友分隔，兩地不得相見,也比喻人與人感情不和睦，有爭執。③少者懷之：出自《論語‧公冶長》：「老者安之,朋友信之,少者懷之」，意思是使年老的人得到安樂，使朋友相互信任，使年少的人得到關懷。④幼吾幼以及人之幼：出自《孟子‧梁惠王上》：「老吾老以及人之老，幼吾幼以及人之幼」。意思是在贍養孝敬自己的長輩時，不應忘記其他與自己沒有親緣關係的老人；在撫養教育自己的小孩時，不應忘記其他與自己沒有血緣關係的小孩。

【譯文】小孩子年紀還小的時候，富貴的家庭自然會請專門的老師來教課，至於貧窮的家庭，附近有學堂，就送去學習基礎知識，這是常有的事情。而作為學堂的老師，既沒有富貴人家的邀請，又要依靠學生的給的酬金來維持生活，因而他們廣泛吸納學生，哪有機會去挑選，所以學堂裏的學生年齡往往大小不一，好壞參差不齊，而年幼的孩子，倘若老師不特別關心保護，難免會被大一些的孩子欺負。比如說，同一個母親生的孩子，在一起玩耍，爭吵是難免的，但父母會非常細心觀察，雖然有非常頑皮惡劣孩子，但年幼的孩子能夠得到保護，是因為有父母庇護。啟蒙老師，要以學生父母的心對待學生，時刻把學生放在心中，對年幼的孩子特別關心。孔子曾經說過：「對年幼的人要給予關懷。」孟子也說過：「要像愛護自己的孩子一樣去愛護別人的孩子。」我們看看世上的人，凡是那些有慈愛幼小之心的人，他們的子孫後代往往都很興旺；而那些對孩子心狠或者不關心孩子的人，往往容易斷絕後代。所以說，仁慈就是生育和繁衍後代的源泉。

童子在家，護惜之責在父母；童子在館，護惜之責在蒙師。人將子弟送入書館，卽如托孤寄命[①]一般，師能護惜，則有莫大之陰功[②]；師不護惜，則造彌天之大罪。何以言之？童子自七八歲以至十一二歲，不識不知，天真爛熳，其父母之心以爲先生可靠也，以爲先生教之讀書將來可以成人也，乃有貿貿之師[3]，無小無大，混而視之；甚有小者過多，不肯耐煩，遂命大者代教，傷天害理，莫此爲甚。

【注釋】①托孤寄命：出自《論語·泰伯》：「可以托六尺之孤，可以寄百里之命。」邢昺疏：「可以托六尺之孤者，謂可委託以幼少之君也。若周公、霍光也；可以寄百里之命者，謂君在亮陰，可當國攝君之政令也。」原指將後事或重要事務託付給可靠之人，此處比喻家長將孩子託付給學堂和老師，希望他們能像對待自己的孩子一樣照顧和教育。②陰功：指暗中積累的功德，通常指做了好事但不求回報，或不易被外人知曉的善行。③貿貿之師：形容不負責任、馬虎敷衍的老師。貿貿，原指隨便、不嚴肅的樣子，此處用來形容老師對待學生的態度。

【譯文】孩子在家裏時，保護和疼愛的責任在父母身上；而當孩子進入學堂，這份責任就落在了啟蒙老師的肩上。家長把孩子送進學堂學習，就如同把年幼無依的孩子託付給值得信賴的人一樣。如果老師能夠盡心盡力地保護和關愛學生，那麼他就是在積累巨大的陰德；反之，如果老師不珍視學生，那麼就是在犯下滔天大罪。為什麼這麼說呢？因為孩子從七八歲到十一二歲這個階段，他們懵懂無知，天性純真爛漫。他們的父母之所以放心地將孩子交給老師，是因為相信老師可以信賴，相信通過老師的教導，孩子將來能夠成長為有用之人。然而，卻有些不負責任的老師，不論學生年齡大小，都一概而論，不加區分；更有甚者，對於年紀小、需要更多耐心的學生感到厭煩，於是就讓年紀大的學生去代替自己教導，這種行為真是傷天害理，沒有比這更過分的了。

夫童子太多，師之精神不繼，自當婉言謝

之，令其送入別館，貪其脩金而收之，又不認真以教之，即大徒之忠順者能代己之勞，而人來從事於我，我不親身教導，此心已不可問；至於大徒之狡滑者，挾師之勢，任意而行，或將童子酷打，或將童子辱罵，在師以爲彼能代我之勞，假以辭色，助其威勢，不知師得人之脩金，且不肯耐煩訓導，彼屈於師之勢而代師訓課，豈有耐煩心腸乎？且村塾中之大徒，多係鄉愚之子，村鄙性成，即爲師者教導有方，尙未必能循規蹈矩，況於不加防範，任其縱馳，或誘小徒以賭博，或誨小徒以邪淫，或導小徒以偷盜，往往通館小徒，皆被大徒引壞，而師猶在醉夢中也。故凡館中之年幼者，師必視如家之幼子，慈愛之、護惜之，勿令大者與之狎處，勿令大者肆其欺淩，方是爲師之道。

【譯文】如果學生太多，老師的精力難以持續，自然應當委婉地拒絕他們，建議家長將孩子送到其他學堂。然而，若老師因貪圖學費而勉強接收，卻又沒有認真教導，即便是那些忠誠順從的大徒弟能夠代替老師分擔一些教學工作，但老師自己不去親身教導，這樣的心態就已經不可取了。更糟糕的是，如果那些狡猾的大徒弟利用老師的名義，為所欲為，可能對學生嚴加體罰或辱罵，而老師因為覺得他們分擔了自己的工作，就對他們縱容甚至助紂為虐，殊不知，老師既然收了學費，就應當耐心教導。而這些大徒弟因為受制於老師的權威而代課，又怎會有耐心去好好教學呢？更何況，鄉村私塾裏的大徒弟，大多是鄉野愚民之子，本性粗鄙，即便老師教導有方，他們也未必能循規蹈矩。如果不加防範，任由他們放縱，他們可能會引誘小徒弟賭博、邪淫或偷盜，導致整個學堂的學生都被他們帶壞，而老師卻還渾然不覺。因此，作為老師，對於學堂裏年幼的學生，必須像對待自己家的孩子一樣，慈愛他們、保護他們，不要讓大徒弟與他們過分親近，更不允許大徒弟欺壓他們，這才是為師的正道。

人莫不從幼時長成，而男女之欲多被大者引誘，情竇方開①，故曰：「寧可終歲不讀書，不可一日近匪人②。」匪人在外，人所能知；匪人在學館，人所不能知。所以蒙師之得利無多，而蒙師之干係最重，若不留心體察，未有不造彌天之大罪③，而殃及子孫者也。

【注釋】①情竇方開：指情感初開，對男女之情開始有所了解和感受。竇，原指洞穴，此處引申為情感的萌芽或開端。②匪人：指行為不端、品行不正的人，也指壞人。③造彌天之大罪：犯下極大的罪行。彌天，滿天，形容極大。

【譯文】每個人都是從幼時逐漸長大的，而在這一過程中，男女之間的情欲往往容易被年齡較大或不良的人所引誘，特別是在情感初開的時候。因此，有句俗話說：「寧可一整年不讀書，也不可在一天之內接近壞人。」壞人如果在外界，人們或許還能有所警覺；但如果壞人潛伏在學館之中，那就很難被察覺了。所以，啟蒙老師雖然收入不多，但他們所承擔的責任卻是極其重大的。如果不留心觀察、仔細體察，那麼很可能會犯下滔天大罪，甚至殃及子孫後代。

石天基曰：「世之塾師，訓誨無術，模範先虧①，誤了子弟終身，損德最大。」嗟乎！送子弟者，莫不望其成個好人，孰意竟將不雕不琢的良善子弟送到殺場上去了。蓋館中熏蕕同器②，香臭不分，其濡染也最易，其敗壞也甚速。方在童蒙時，已大變其純一無僞之本質，及至年齒愈長，血氣愈壯，勢必蕩檢踰閑③，無所不至，而爲師者猶自矜其善教④，殊不知已將天地間至靈至貴之品，盡弄成至愚至賤之物，斬斷世界中多少可以爲聖爲賢的種子。故人家子弟，與其送入館中，鑿破混沌之竅⑤，不如不讀書、不識字，猶留得樸魯⑥無文，爲謹慎子弟也。

【注釋】①模範先虧：指老師自身品行有虧，

不能成為學生的榜樣。模範，即模範、榜樣。②薰蕕同器：指好的和壞的混雜在一起，如同香草和臭草放在同一個容器裏。薰，指香草；蕕，指臭草。③蕩檢踰閑：指放縱自己，不受約束，行為越軌。蕩，放縱；檢，約束；踰，超過；閑，法度、規矩。④矜其善教：自以為教學有方，誇耀自己的教學效果。矜，誇耀。⑤混沌之竅：指人原本混沌無知的狀態，未被知識和經驗所打破。混沌，指宇宙形成前模糊一團的景象，也用來形容人思想模糊不清。竅，指竅，此處引申為狀態。⑥樸魯：質樸無文，指人質樸而粗魯，缺乏文化修養。但在這裏更多的是強調其質樸無華的一面。

【譯文】石天基說：「世上的私塾老師，如果教導沒有方法，自身品行又不端正，那麼就會耽誤了學生的一生，這是極大的德行損失。」唉！送孩子去上學的家長們，無不希望孩子能成為一個有出息的好人，但沒想到竟然會把原本純真善良、未經雕琢的孩子送進了不良影響的學習環境。這是因為私塾裏，好的和壞的學生共處一室，就像把香草和臭草放在一起，難以分辨，這樣一來，孩子就很容易被不好的風氣影響，而且敗壞得很快。在孩子還年幼無知的時候，他們原本純真無邪的本質就已經被大大改變。隨著年歲的增長，血氣方剛，他們很容易放縱自己，做出種種出格的事情。而那些老師還自以為是地誇耀自己的教學方法好，卻不知他們已經將天地間最聰明、最寶貴的孩子，變成了最愚笨、最卑賤的人，扼殺了許多本可以成為聖賢的種子。所以，對於家庭中的孩子來說，與其把他們送到私塾去，打破他們原本純真無知的狀態，還不如讓他們不讀書、不識字，至少還能保留那份質樸和不懂文飾的純真，成為謹慎懂事的孩子。

夫既爲人師，當思「先生」二字是何義，不能生之，顧死之乎？「師傅」二字是何解，不能傅之，反顛之乎？沈千秋嘗與同社①論曰：居官盡職與否，於處館時可預卜。主家修繕，朝廷俸祿，俱非悠悠忽忽可以消受者。近來師道陵夷[②]，眞可痛哭長歎，不思誤人子弟於心何安？必須盡心竭力，循循善誘[③]，使得有所進益，大以成大，小以成小，勿可諉之子弟不率教[④]，而自爲寬解也。

愚按：歷來名人，言及訓蒙之師，無不咨嗟太息[⑤]者，而無如世俗之汶汶[⑥]也。

【注釋】①同社：在古代，尤其是文人墨客之間，常以「同社」相稱，意指同一社團、學社或文學團體中的成員。這些社團往往以共同的文學興趣、政治觀點或學術追求為紐帶，成員間相互切磋、交流心得。②陵夷：原指山陵地勢由高到低逐漸降低，引申為逐漸衰落、由盛轉衰的意思。在文中用來形容師道的逐漸喪失。③循循善誘：出自《論語•子罕》：「夫子循循然善誘人。博我以文，約我以禮。欲罷不能。」循循，有次序、有步驟的樣子；誘，引導。意思是善於有步驟地引導學生進行學習。④率教：率，遵循、遵從；教，指教導、教育。在文中指學生或子弟應該遵從老師的教導，不違背師訓。⑤咨嗟太息：咨嗟，表示歎息聲，太息，也是歎息的意思，兩者連用加強了表達的力度，用來表達深切的憂慮、感慨或無奈之情。⑥汶汶：指世俗的偏見和誤解，使事情變得模糊不清。

【譯文】作為老師，應當深思「先生」這兩個字的意義是什麼，如果不能幫助學生成長進步，反而讓他們停滯不前甚至退步，這怎麼行呢？「師傅」二字又該如何解釋，如果不能傳授正道，反而誤導學生，這難道是對的嗎？沈千秋曾與同社的好友們討論說：一個人為官是否盡職盡責，其實在他做私塾老師的時候就可以預見到。無論是主人家給的修繕費用，還是朝廷發放的俸祿，都不是可以隨隨便便、漫不經心就消耗掉的。近年來，師道日漸衰微，真是讓人痛心疾首，長歎不已。如果不去思考自己是否誤人子弟，內心又怎能安寧呢？老師必須盡心盡力，循循善誘，讓學生有所進步，大的能成大器，小的也能有所成就，不能一味地推卸責任，說學生不聽話，從而為自己開脫。

我個人的淺見：歷朝歷代的名人，在談到啟蒙老師時，無不感慨唏噓，但世俗的偏見和誤解卻依然存在，無法改變。

十六、不可離館篇

大凡訓蒙之人，莫妙於就專館[①]，蓋專館則子弟在家，自有父兄約束，先生干係尚輕，即有事耽閣，亦無意外之患，萬不得已而設散館[②]，則先生一步不可離館，即有要事不能不離館，宜放學生歸家，先生上館再來，萬不可諱耽閣[③]之名，先生在館外而學生在館中。學術不精，誤人子弟，其罪尚小，最可恨者，或喜赴市廛[④]，酒食征逐[⑤]，或應酬朋友，此往彼來，身不在館中而又不放學生歸家，蓋放學生歸，則恐東家謂其耽閣也。忌耽閣之名，而偏又耽閣，以致館中生徒大淩小、強壓弱，奸盜詐僞，無所不至。人皆知學堂可教子弟，而不知學堂最壞子弟。人家出一聰明子弟，非祖宗數代積德不能，年幼無知，被塾師誤於學堂，以致終身無成，其祖宗陰靈，有不恨入骨髓者乎？

【注釋】①專館：專館，又稱專塾，是指由一家或數家、一村或幾個村子單獨或聯合設立的一種私塾形式。這種私塾有固定的教學場所，通常由殷富之家出資，特備館舍，並聘請專門的塾師(先生)進行教學。專館的教學經費多由館東(即出資者)承擔，學童多為富裕戶子弟，以儒家經典的學習為主，因此又稱為「經館」。②散館：散館，是私塾的另一種形式，主要由生員(秀才)或其他有文化的人在家中或自行尋舍設立，招收附近人家的子弟就讀，以收取學費來維持生計。散館的教學內容和品質因塾師的個人能力和教學經驗而異，但一般主要進行初級的啟蒙教育。③耽閣：同「耽擱」，指因故拖延、停留或錯過。④市廛(chán)：市場，商業區，泛指人多的地方。⑤征逐：指競相追逐，多指尋歡作樂。

【譯文】大凡負責啟蒙教育的人，最理想的

做法是在專門的私塾進行教學，因為這樣學生在家中時，自有父兄進行管束，先生所承擔的責任相對較輕。即使有時因為事務耽擱不能到場，也不會有什麼意外的憂患。如果實在萬不得已需要設立分散的教學點，那麼先生就一刻也不能離開教學的地方。如果真有緊急要事不得不離開，應該先讓學生回家，等先生回到教學點後再繼續上課。千萬不能為了避開「耽擱」的名聲，而讓先生在館外學生在館內。這樣一來，教學品質不精，誤人子弟，其罪過還算小。最令人痛恨的是，有的先生可能喜歡去市場閒逛，參與酒食聚會，或者頻繁應酬朋友，往來於各處，自己不在教學點卻又不讓學生回家。因為如果讓學生回家，他們可能擔心家長會責怪他們耽誤了教學。為了避免這種「耽擱」的指責，反而真正造成了耽擱，結果導致私塾中的學生大欺小、強壓弱，奸詐虛偽的行為無所不為。人們都知道學堂可以教育子弟，卻不知道學堂也有可能最壞地影響子弟。一個家庭能出一個聰明的子弟，往往是祖宗數代積德的結果。年幼無知的孩子，如果被塾師在學堂中誤導，以致終身無所成就，他們的祖宗在天之靈，怎能不恨得入骨呢？

李卓吾①先生云：鄉村散館，只教十歲以下之蒙童，不必雜十六七歲者於其中，先生日日守著學生，一步不離學堂，白晝在館讀書，晚即令其歸家，或者可以無弊。惟有雜大雜小，混處一堂，先生不知檢察，不加防閑，甚且不肯耐坐，則子弟之嗜欲已開者，必將小者引壞，此蒙師之所以最易造罪也。至有學生夜宿館中，尤爲耽心之至，凡爲師者當此，須審某徒嗜欲已開，安置某處，某徒嗜欲未開，安置某處。其嗜欲未開者，師宜引而近之，如護惜幼子一般，斷不可令與嗜欲已開者同室同床，如不堤防，小則鬧出嫌言，大則釀成禍事，而某罪皆歸於塾師。凡吾輩之教散館者，千萬於此中留心，切勿以爲迂腐而置之矣。

【注釋】①李卓吾:即李贄(1527－1602)，初姓林，名載贄，後改姓李，名贄，字宏甫，號卓吾，別號溫陵居士、百泉居士。福建泉州府(福建省泉州市)人。明代官員、思想家、文學家，泰州學派的一代宗師。

【譯文】李卓吾先生曾說：在鄉村裏的散館，只應該教授十歲以下剛開始啟蒙的兒童，不應該將十六七歲的大孩子也混雜在其中。老師應該每天都守著學生，一步都不離開學堂，白天在學堂裏讀書，晚上就讓學生回家，這樣或許可以避免很多弊端。唯獨當大小孩子混雜在一起，共處一室，而老師又不進行檢查監督，不加強防範，甚至不願意耐心坐守時，那些已經萌生欲望的大孩子，就一定會把小孩子帶壞。這是啟蒙老師最容易犯下的過錯。更有甚者，如果有學生晚上也住在學堂裏，那就更讓人擔心了。作為老師，在這種情況下，必須仔細審查哪些學生已經萌生了欲望，就把他們安置在特定的地方；哪些學生還未開竅，也要妥善安置。對於那些還未開竅的學生，老師應該像保護愛惜小孩子一樣引導他們，絕對不能讓他們和已經萌生欲望的學生同住一室同睡一床。如果不加提防，輕則鬧出些閒言碎語，重則可能釀成大禍，而所有的罪責都會歸咎到老師身上。所以，我們這些在散館裏教書的人，千萬要在這方面留心，不要覺得這是迂腐之見就置之不理。

余昔年過雙邑之板橋村，遇邑宰驗屍，問其故曰：此處有一鄉館，塾師不在館中，以致學生十餘人館外嬉戲，一童子伏在碌碡①上，又一童子壓在前童子背上，重疊壓至六七人，笑者喊者、唬者罵者，鬧作一團，頃刻解散，則挨近碌碡之童子，業已壓斃矣。此案不知如何結局，而往來行人莫不唾罵其師之害人子弟也。又某秀才在家訓蒙，家故離城不遠，每於午閑學生寫字時，秀才即至城中游玩，率以爲常。一日學生相率上樹，一童子失手墜下，頂刻而亡。鄰里爲之彌縫[2]，幸未報官，而秀才從此精神恍惚，不久死矣。此皆予所親見者，故錄之，以爲師之擅離書館者戒。

【注釋】①碌碡(liù zhou)：又稱碌軸,一種用石頭製成的圓柱形農具，用來碾壓穀物等。用來軋穀物(通常需搭配石碾作底盤)、碾平場地等。②彌縫：掩飾、遮蓋，為了避免事情鬧大或報官而採取的行動。

【譯文】過去我路過雙邑的板橋村時，遇到當地的縣令正在檢驗一具屍體，詢問原因得知：這裏有個鄉村私塾，那天私塾的老師不在館中，導致十多個學生在館外玩耍嬉戲。其中一個孩子趴在石滾上，接著另一個孩子壓在了前面孩子的背上，如此重疊，一直到六七個孩子都壓在上面，孩子們有的笑有的喊，有的嚇唬人有的罵人，場面一片混亂。不一會兒，大家散開，卻發現那個緊挨著石滾的孩子已經被壓死了。這案子最後怎麼處理的我不清楚，但來來往往的路人無不唾罵那老師害死了學生。另外，還有個秀才在家開設私塾教書，他家離城不遠。每當午休學生練字的時候，秀才就習慣性地進城遊玩，這成了他的日常。有一天，學生們相約爬樹，其中一個孩子不慎失手從樹上掉下來，當場頭部受重傷而死。鄰居們幫忙遮掩，幸好沒有報官。但這位秀才從此以後精神恍惚，不久之後也去世了。這兩件事都是我親眼所見，所以記錄下來，作為對那些擅自離開私塾、不負責任的老師的警示。

因思曩①閱殘編，某寺僧藏美醞，有狐竊飲至醉，酣睡覆側②，僧以繩縛之，狐醒作人言曰：「爾縛我何爲？我所懼者某叢林大和尚，次則某村老學究，除二人外，無所懼也，爾縛我何爲？」僧方欲杖之，轉瞬失所在，其大和尚，僧固知其有道者，因訪某村老學究，則臞然③一叟，在草廬中教幾個蒙童，了無異人之處，僧因叩其所以見重於狐之故，叟曰：「予無他長，但生平教人子弟，盡心盡力，從未曠一日功課耳。」僧改容敬之。夫盡心盡力以教蒙童，亦至平至常之事也，而善德所積，雖妖狐尚且畏之，可見寒士訓課之功，足以通天地而動鬼神矣。而吾竊見訓蒙之師，有曠館課而出外講善言者，有停館課而助人行善事者，方且自命爲善人，方且自詡爲善德，不知盡心以教人子弟，便是莫大之功；昧心以誤人子弟，便是莫大之罪，獨奈何「捨其田而芸人之田」④也？

【注釋】①思曩：想起以前。②覆側：倒地翻滾，形容醉酒狀態。③臞（qú）然：清瘦貌。④捨其田而芸人之田：常人的毛病在於荒棄自己的田地卻要人家鋤好田地，比喻放棄自己的職責去做別人的事。語見《孟子‧盡心下》，孟子曰：「人病捨其田而芸人之田。所求於人者重，而所以自任也輕。」

【譯文】回想起以前翻閱的一些殘破書籍時，讀到過一個故事，說某座寺廟的僧人藏有一壇好酒，不料被一隻狐狸偷偷喝了個酩酊大醉，醉倒在地不省人事。僧人見狀，便用繩子將它捆住。狐狸醒來後，竟開口用人話說：「你為何綁我？我所懼怕的，只有那叢林中的大和尚，其次是某村的老學究，除此之外，我無所畏懼。你綁我究竟是為了什麼？」僧人正欲用杖責打它，轉眼間狐狸已消失得無影無蹤。那位大和尚，僧人本就知曉他是位有道行的高僧。於是，僧人便去探訪那位被狐提及的村中老學究，只見一位面容清瘦的老者，在簡陋的草廬中教導幾個蒙童讀書，看起來並無任何異於常人的地方。僧人便詢問老學究為何會受到狐狸的敬重，老學究說：「我並無其他長處，只是平生教導學生，都是盡心盡力，從未耽誤過一天的功課。」僧人聽後，神色變得恭敬起來。盡心盡力地教導蒙童，本是極其平凡普通的事情，但因其所積累的善德，連妖狐也心存畏懼，由此可見，貧寒之士認真教學的功德，足以通達天地，感動鬼神。然而，我卻私下裏見到一些蒙師，有的荒廢館課外出宣講善言，有的停止教學去幫助人行善事，還自詡為善人，自誇有善德，殊不知盡心盡力地教導學生子弟，才是最大的功德；而昧著良心去誤人子弟，則是莫大的罪過。為何他們偏偏要捨棄自己的田地不去耕耘，而去替別人耕田呢？

至有終日在館，只圖自己用功，而置子弟於不問者，其過亦與離館等。蓋我既訓蒙，則十分精神要用七分在學生身上，所以訓蒙之事，煞不易言，苟能以狐畏之老學究爲法，將見尋行數墨[1]之功，直與悟道參禪並重，生而有益於人群，沒必爲神於天上，有不德垂後裔，而世代簪纓[2]也哉。

【注釋】①尋行數墨：原指讀書時只注意文字的表述，而不深究其意義。這裏更偏向於強調勤勉、細緻的教學態度，即使是最基礎的教學也需認真對待。②簪纓：古代達官貴人的冠飾，借指世代做官的人家。這裏用來形容子孫後代都能顯貴榮耀。

【譯文】至於那些只顧自己在書房裏一整天用功，卻不關心子弟們學習情況的老師，這種行為和離開學館也沒什麼區別。既然身為啟蒙老師，就要把七成的精力放在學生身上。因此，教育孩童並不是一件容易的事情，如果能以狐狸所敬畏之老學究的精神來約束自己，那麼這種循規蹈矩、勤勉教學的功勞，將會與領悟大道、參禪悟道一樣重要。生前能夠有益於人群，去世後也必定會被尊為天上的神靈，這樣的德行自然會恩澤後世，讓子子孫孫都能世代顯貴，享受榮耀。

十七、不可執迷篇

丁擔子有言：「經師易，人師難。[1]」謂教人讀書作文者爲經師，教人修身立德者爲人師也。而吾謂教大徒之人師固難，教蒙童之人師亦自不難，蓋孩子初學，純是天良，非若大徒之滿腔私欲難以驟化，亦且年幼畏師，易於管束，非若大徒之人事紛起，可以支吾。無如人之妄爲蒙師者，不肯耐煩，不肯認眞，日坐館中，久而生厭，或怨東家之無禮，或怨童子之太愚，不情不願，卻又不肯辭館，只爲割捨不得幾兩脩金，耐得一天算一天，耐得一年算一年，可憐孩子甫離娘胎，便遇此等魔王，障其生路，名曰讀幾本書，而眞能背誦幾本者罕見矣；名曰讀幾年書，而略知幾分理義者無有矣。

【注釋】①當為「經師易遇，人師難遭」的縮略，語出《後漢紀·靈帝紀》。指單純傳授知識的老師容易遇到，為人師表的人不容易的人難遇到。經師：舊時指講授經書的講師。人師：指能夠以身作則，教導學生品德修養的老師。遭：遇到。

【譯文】丁擔子說過：「教人學習很容易，教人做人很難。」他的意思是說教人讀書寫作的人是經師，教人修身立德的人是人師。但我認為教大人的老師確實很難，教小孩子的老師也不容易。因為小孩子剛開始學習，純真無邪，不像大人充滿私欲，很難改變。而且小孩子年幼，怕老師，容易被管束，不像大人有各種事情要處理，可以應付。但是有些不配為啟蒙老師的人卻不肯耐心，不肯認真教育小孩，整天坐在學堂裏，久而久之就厭倦了。或者抱怨雇主不禮貌，或者抱怨小孩太愚蠢，既不情願，又不肯離開學堂，只是因為捨不得學生們幾兩銀子的學費，只能忍受一天算一天，忍受一年算一年。可憐那些小孩子剛離開母親的懷抱，就遇到了這樣「魔王」的老師，阻礙了他們的成長之路，說是讀了幾本書，但真正能背誦幾本的人很少見；說是讀了幾年書，但稍微懂一點道理的人幾乎沒有。

然必謂其師之有心害之，亦非也。師先囿於習俗，昏昏沉沉，以爲人皆如此，我何必不如此，非獨教他人之子弟爲然，卽教自家之子弟、自家之親戚，莫不皆然，頂起一個教書之名，今年哄東鄉，明年哄西鄉，區區束脩，皆是瞞心昧己之錢，安能消受?所以訓蒙一生，多無結局，而生前尚不覺悟，直至閻羅殿上方才明白而已，悔之無及矣!故凡鄉黨出一不明白之庸醫，必有許多病人爲他所害；鄉黨出一不明白之蒙師，必有許多兒童爲他所害。然庸醫害人，不過害人一命；蒙師害人，直至害人全家，卒之害人子孫者，天必殃其子孫，斬祖宗之血食，絕後代之書香，則害人者實所以自害也。何如捫心自問，平心自思，我可爲人師、不可爲人師?果可爲人師也，宜破平日之俗見，而以名教爲仔肩[1]，修身立品，認眞誨人；苟不可爲人師也，急急猛省，急急改圖，勿貪蠅頭之微利，而害天生之蒸民[2]。

【注釋】①仔肩：出自《詩經•周頌•敬之》:「佛時仔肩。」鄭玄箋:「佛，輔也；時，是也；仔肩，任也。」意思是所擔負的任務，責任；②蒸民：眾民、百姓。

【譯文】然而，我們也不能一概而論地說這些老師就是存心要害學生，這也不是事實。這些老師往往被舊有的習俗所束縛，渾渾噩噩，認為大家都這樣做，我何必不做呢？這種心態不僅體現在教別人的孩子上，即便是教自家的子弟、親戚的孩子，也都是如此。他們頂著個「教書先生」的名頭，今年在這個鄉村糊弄，明年又到那個鄉村糊弄，賺取的微薄束脩，都是昧著良心得來的錢，這樣的錢他們又怎能心安理得地享用呢？所以，許多從事啟蒙教育一生的人，最終都沒有什麼好結果，而且他們在生前還沒有意識到這個問題，直到上了閻羅殿才恍然大悟，但那時已經後悔莫及了！因此，每當鄉里出現一個不明事理的庸醫，就會有許多病人被他所害；每當鄉里出現一個不稱職的啟蒙老師，就會有許多兒童被他所害。但是，庸醫害人，最多也就是害一個人；而不稱職的啟蒙老師害人，卻能害到整個家庭，甚至影響到子孫後代。最終，那些害人者必然會遭到上天的報應，殃及自己的子孫後代，斷了祖宗的香火，絕了後代的書香門第之路。所以說，害人者實際上也是在害自己。那麼，我們何不捫心自問，平心靜氣地思考一下，我到底適不適合做老師？如果真的適合，就應該摒棄以往的舊觀念，把傳承道德教化當作自己的責任，修身養性，認真教導學生；如果不適合，就應該立刻反省，改變方向，不要貪圖那點微小的利益，而去誤人子弟。

《禮》云：「記問之學，不可以爲人師。[1]」可知後世害人之弊，皆在聖人洞鑒之中，而世之借脩脯[2]以救燃眉者，或終其身而執迷不悟也，悲夫！

【注釋】①記問之學：意思是只是記誦書本，以資談助或應答問難的學問。指對學問未融會貫通，不成體系。出於《禮記·學記》：「記問之學，不可以為人師。」②脩脯：舊時稱送給老師的禮物或酬金。

【譯文】《禮記》中說：「只是記誦書本，以資談助或應答問難的學問，不能成為別人的老師。」由此可知，後世那些因為教育不當而帶來的弊端，其實早就在聖人的預見之中了。然而，世上有些人，他們只是為了解決眼前的經濟困難而從事教育工作，收取學生的學費，卻可能一輩子都沒有真正領悟到教育的真諦，這真是可悲啊！

閩士某省試[1]不遇，叩一相者，曰：「如君骨格[2]，縱才高班馬[3]，難許成名，惟勤種陰德，庶可挽回造化。」士揣家貧，無財種德，又思近日爲師者，多誤人子弟，我當盡心訓誨，以作陰德，或我不負人，天亦不負我。數年後，復省試，相者遇之，賀曰：「君即當榮達矣。」士曰：「何前拒我之峻，而今許我之確耶?」相者曰：「君丰神[4]與前大異，定有陰德。」士曰：「無他，惟數年來，盡心竭力以誨人子弟耳。」相者曰：「成就後學，種德最大，宜形骨之頓換也。」榜發，果高列。

【注釋】①省試：古代科舉考試制度中的一種，即省裏的考試，一般為鄉試或更高級別的考試。②骨格：此處指人的面相、氣質或命運格局。③班馬：指漢代著名史學家班固和司馬遷，二人以文才著稱，此處借指才華出眾。④丰神：精神面貌，氣質。

【譯文】有個福建的讀書人參加省試沒有考中，他去找一個算命先生占卜。算命先生看了他的面相後說：「以您的骨相格局來看，就算您的才華像班固、司馬遷那樣高超，也難以保證您能成名。只有勤奮地積累陰德，或許能夠改變命運。」這位讀書人想到自己家境貧寒，沒有財力去做那些需要大量花費的善事，又想到近來很多老師都誤人子弟，於是他決定盡心盡力地去教導學生，把這當作是積累陰德的方式，心想如果我不辜負別人，上天也不會辜負我。幾年後，這位讀書人再次參加省試，又遇到了那位算命先生。算命先生見到他，祝賀道：「您即將要榮華顯貴了。」讀書人問：「為什麼之前您拒絕得那麼堅決，現在卻又如此肯定地說我能成功呢？」算命先生回答說：「您的精神面貌與以前大不相同了，一定是做了不少陰德之事。」讀書人回答：「沒有別的原因，只是這幾年來，我盡心盡力地教導學生罷了。」算命先生說：「教育幫助後輩學子，這是積累陰德中最大的一樁善事，所以您的骨相氣質才會有如此大的變化。」果然，放榜之後，這位讀書人的名字高列其中。

十八、檢點言語篇

村塾之師，不修防檢[1]，往往口中說的村話，有爲孩子所未聞者，而孩子以爲新奇，轉相傳述，並有因孩子之不能背誦，粗言躁語罵之，不自覺其失禮，而孩子個個哄傳[2]，以爲笑柄，是眞名教中之罪人也。

【注釋】①防檢：防範和檢束。②哄傳：哄鬧地傳播，含有貶義，指不加分辨地傳播消息或笑料。

【譯文】鄉村私塾的老師，如果不注意自身的言行舉止和修養，往往會在日常教學中說出一些粗俗不堪的鄉間俚語，這些話可能是孩子們從未聽過的。孩子們因為覺得新奇有趣，就會相互轉告傳播。更有甚者，有些老師還會因為孩子背誦不出課文，就用粗魯急躁的言語責罵他們，卻意識不到自己的失態無禮。而這些不文明的言行，卻被孩子們當成笑料，一個個地哄傳開來。這樣的老師，實在是真正有教養的社會中的罪人啊。

夫男女情欲之私，本於氣質，雖爲師者杜漸防微，多方保護，尚難免嗜欲[1]之早開，奈何身爲人師，而以口舌爲誨淫之具乎?竊維上古之世，人多壽考，皆由土曠人稀，孩子生長家中，少與匪人相接，嗜欲開得遲，命根植得固，故得盡其天年，亦由聖人之教澤尚存，爲父爲師者培養有方，所以子弟少有短折。男子三十而娶，當時習爲風氣，則其嗜欲之遲開可知矣。後世生齒日繁[2]，或族人比屋而處，或異姓接壤而居，一孩子出門，衆孩子夥聚，愚父愚兄以爲兒童嬉戲，人情之常，不知村言村語鑽到孩子耳中，便將孩子引壞，往往年未出幼，便知男女之欲，甚學非法之淫，世間犯此弊而短命者，不可勝數，即僥幸長成，身體羸弱，安能幹大事、立大功?

古人有言：「精神爲福澤之本。」苟性命之莫保，何福澤之可言？此皆父兄之教不先，誤之於幼時，所以末世之人，多短命而少長壽也。

【注釋】①嗜欲：指過度的欲望，特別是對性愛的欲望。②生齒日繁：指人口逐漸增多，齒，常用來代指人口。日繁，即日漸增多。

【譯文】男女之間的情欲和私念，本質上源於人的氣質天性。即便作為老師，能夠從小處著手預防，多方保護，也難以完全避免孩子們過早地產生嗜欲。更何況，如果身為教師，卻用言語作為誘導淫邪的工具，這豈不是大錯特錯嗎？我私下裏想，上古時代的人們之所以多長壽，一方面是因為土地廣闊人口稀少，孩子們在家中成長，很少與不良之人接觸，因此他們的嗜欲開啟得晚，生命的根基紮得牢固，所以能夠盡享天年；另一方面，也是因為當時聖人的教化影響深遠，作為父母和老師的人們培養有方，所以孩子們很少夭折。當時男子通常三十歲才娶妻，這已成為一種風尚，由此可見他們嗜欲的開啟是多麼地晚。然而後世人口逐漸增多，要麼是同族之人比鄰而居，要麼是異姓之人接壤而住，一個孩子出門，就能與其他孩子聚集在一起。愚昧的父親和兄長們以為這只是孩子們之間的嬉戲，是人之常情，卻不知那些粗俗的話語一旦傳入孩子耳中，就可能將他們引入歧途。往往孩子還未成年，就已經懂得了男女之事，甚至學習非法的淫穢行為。世間因此受害而短命的人，數不勝數。即使僥倖長大成人，身體也往往羸弱不堪，怎能幹大事、立大功呢？古人有言：「精神是福澤的根本。」如果連性命都保不住，還談什麼福澤呢？這都是因為父兄們沒有從小對孩子進行正確的教育，在幼年時就誤導了他們，所以後世之人多短命而少長壽。

然而蒙館之誤孩子，更甚於家中，蓋孩子發蒙，不過六七八歲，如上所言諸弊，在家或未必犯，一入村館，必無有不犯者也。爲蒙師者，於上學時，卽當留心檢察，內有一二年稍長者，卽當防其嗜欲已開，須另安置一處，時將淫惡報應等語細細告之，並言若輩年幼，爾斷不可以邪言相誘，自損陰德；其餘嗜欲未開者，卽淫惡報應等語，且勿對之面講，當先禁其村語，禁其罵人，勿令其與大者聚談，勿令其與大者雜處，慈祥愷悌[①]，如護惜幼子一般。小而言之，不過盡我訓蒙之心；大而言之，卽是壽世仁民之道。所以人之最易感化者莫過於蒙童，人之最易立功者莫過於蒙師。然而師必自先講究，方能教人，口中不離村語，則教書之館何異牧牛之場？揚子[②]有言：「士有不談王道[③]者，樵夫笑之。」予謂：「塾師而說村話，雖牧童亦笑之矣。」

【注釋】①慈祥愷悌：對受苦難的人表示同情，心中不忍。②揚子：指西漢學者揚雄，字子雲，是中國古代重要的思想家、文學家和語言學家。③王道：指儒家的政治主張，即君主以仁義治天下，以德政安撫臣民的統治方法。這裏泛指高尚的道德和正確的道理。

【譯文】但是，學堂對孩子的誤導比家中更嚴重。因為孩子剛剛開始學習，只有六七八歲，如上所述的弊端，在家中可能還不會犯，但一旦進入鄉村學堂，必然會犯。作為啟蒙老師，上學時就應該留心檢查。對於學館裏那些已經稍微大一些的孩子，應該防止他們的惡習形成，需要另外安排一個地方，時常告訴他們淫惡行為會有報應，同時告訴年幼的孩子不能被邪惡的言語所引誘，否則會損害他們的陰德。對於那些還沒有形成惡習的孩子，不要直接講淫惡行為的報應，但要先禁止他們說村裏的那些粗言粗語，禁止他們罵人，不要讓他們與年長的人聚談，不要讓他們與年長的人混在一起，要像保護珍愛幼子一樣慈祥地對待他們。小孩子聽到這些話，只是滿足了我教育他們的心願；大孩子聽到這些話，才是培養他們成為有德行的人的方法。所以，最容易受到影響的是童館裏的學生，最容易立功的是啟蒙老師。但是，啟蒙老師必須自己先嚴於律己，才能教育別人。如果啟蒙老師口中總是離不開粗言粗語，那教書的地方與放牧牛的場地又有什麼區別呢？揚子有句話說：「士人如果不談論王道，樵夫會嘲笑他。」我認為：「教書的人如果說村裏的那些粗言粗語，就連放牧的孩子也會嘲笑他。」

某孝廉①教學，慣與門人詼諧，其徒有新婚者，來館作文，竟將批語隱穢事嘲之，以爲風流佳話，不一傳而書香絕矣。又某寒士，就一富翁之館，束脩頗厚，士亦認眞訓課，而次年富翁辭之，人問其故，翁曰：「先生品學俱佳，惟以村言罵學生，殊不雅相②耳。」師之不惜口德者，盍鑒諸③？

【注釋】①孝廉：孝廉是漢武帝時設立的察舉制考試，意為「孝順親長、廉能正直」。明清時期對舉人的雅稱，原指孝順父母、辦事廉正的人，後成為科舉制度中舉人的專稱。②雅相：高雅的相貌或舉止，這裏指與富翁家族身份相稱的行為舉止。③盍鑒諸：何不以此為鑒呢？盍，何不；鑒，借鑒，作為鏡子照。諸，同「之乎」，語氣詞。

【譯文】有一位孝廉在教學時，習慣與學生開玩笑，嬉笑打鬧。他的學生中有一位剛新婚的，來到私塾寫作文，這位孝廉竟然在批改作文時，用隱晦但下流的話語來嘲笑這位學生的新婚之事，還以為這是風流趣事，傳為美談。結果，這樣的行為不脛而走，很快導致了這個家庭書香門第的名聲斷絕。另外，還有一位貧寒的士人，被聘請到一位富翁的私塾中任教，酬金頗為豐厚，這位士人也非常認真地教導學生。然而，到了第二年，富翁卻辭退了他。別人問富翁原因，富翁說：「這位先生的品行和學問都很好，只是他經常用粗俗的語言責罵學生，這實在是有失文雅，與我們的身份不符。」那些不珍惜自己言辭修養的老師，何不以此為鑒呢？

十九、敬重書籍篇

僧道之見鄙於吾儒久矣，而敬重書籍，則吾儒反不如僧道。試觀僧流誦佛經，道流誦道經，齋戒沐浴，何等鄭重，何等至誠!且其經書所在，或用錦包，或用匣盛，惟恐不潔不淨，致招污穢之愆。而儒者之於聖人書籍，鮮有如是之鄭重者，皆由束髮受書，先生並無傳授也。

【譯文】僧人和道士長久以來在我們儒家學者眼中被輕視，但在敬重書籍這一點上，我們儒家學者反而比不上僧人和道士。試著看看那些僧人誦讀佛經，道士誦讀道經時，他們會進行齋戒沐浴，態度是多麼鄭重，內心是多麼虔誠。而且，他們所珍藏的經書，有的用錦緞包裹，有的用精緻的匣子盛裝，生怕它們受到一絲不潔或污染，以免招來罪過。然而，儒家學者對於聖人的書籍，卻很少有這樣鄭重的態度，這大概是因為我們在開始讀書識字時，先生們並沒有傳授給我們這樣的敬畏之心吧。

村館之中，大半鄉鄙兒童，「與木石居，與鹿豖遊[①]」，安知書籍之重？然在家爲牧豎[②]，入館卽爲學生，塾師當於館中置水一盆，凡學生上館，須令洗手，方許翻書；或赴廁便溺之後，卽令洗手；或見其用手摸腳，見其搔癢下體，卽令洗手；至於挾書歸家，凡遇便溺，令將書置妥處，洗手然後挾書。此皆童蒙瑣屑之事，而關係卻已不輕，蓋書是聖賢遺跡，手不潔淨，污穢書籍，卽是褻瀆聖賢，所以村館讀書僮子少有發達者，入館便造褻瀆聖賢之罪也，而塾師失教之罪爲尤甚。盍思倉頡造字，「天雨粟、鬼夜哭[③]」，冥冥之中，文字何等珍重？童子發蒙而讀《兩論》[④]，便是至聖先師之言。僧流爲文佛弟子，敬重文佛，所以敬重文佛之言；道流爲老君弟子，敬重老君，所以敬重老君之言；儒者爲孔子弟子，敬重孔子，安可不敬重孔子之言？

【注釋】①與木石居，與鹿豕遊：意指孩童在鄉野間與大自然為伴，生活簡樸，未受教化。語見《孟子·盡心章句下》，孟子日：「舜之居深山之中，與木石居，與鹿豕遊，其所以異於深山之野人者幾希。及其聞一善言，見一善行，若決江河，沛然莫之能禦也。」②牧豎：即牧童，放牛放羊的孩子。③天雨粟，鬼夜哭：見《淮南子·本經訓》：「昔者蒼頡作書而天雨粟，鬼夜哭。」④發蒙：指兒童開始接受啟蒙教育。《兩論》：古代《論語》分上下兩部分，《學而第一》到《鄉黨第十》為上論，《先進第十一》到《堯日第二十》為下論。此處指《論語》。

【譯文】在鄉村的私塾裏，大部分學生都是來自鄉野的孩童，他們「與樹木石頭為伴，與鹿和豬一同玩耍」，哪里會懂得書籍的寶貴呢？然而，他們在家裏可能只是放牛放羊的孩子，但一進私塾就成了學生。私塾老師應當在私塾裏放一盆水，每當學生來到私塾，必須先讓他們洗手，之後才允許他們翻書閱讀；或者學生去廁所之後，也要立即讓他們洗手；如果發現他們用手摸腳，或是搔弄身體下部，也要立即讓他們洗手；至於學生帶著書回家，如果在路上需要方便，要讓他們先把書放在乾淨的地方，洗完手後再拿書。這些都是關於孩童啟蒙教育中的小事，但關係卻不小。因為書籍是聖賢留下的寶貴遺跡，如果手不乾淨，弄髒了書籍，就是對聖賢的褻瀆。之所以鄉村私塾裏的學生很少有出類拔萃的，原因之一就是他們一進私塾就開始褻瀆聖賢。而私塾老師如果沒有教導好他們，這失職之罪就更加嚴重了。想想倉頡造字時，「上天下了穀雨，鬼神哭泣」，便知文字是多麼珍貴啊！孩子們啟蒙時讀的上下《論語》，都是至聖先師孔子的教誨。僧人都是釋迦牟尼佛的弟子，他們敬重釋迦牟尼佛，故而也就敬重釋迦牟尼佛的教誨；道士是老子的弟子，他們敬重老子，故而也就敬重老子的教誨；儒家是孔子的弟子，他們尊重孔子，又怎麼能不尊重孔子的教誨呢？

今試有僧道於此謂孔子不如佛老，儒者必與之爭，乃彼守佛老之言，奉以爲經，而吾輩視先師之言，直同兒戲，豈非自褻其所尊乎?世上善人長者，或雇人收斷簡殘編，尚發簪纓之慶，推其所以然之故，無非敬重聖賢，一點眞心所致，況爲師者以身作則，使館中弟子個個知聖賢之威靈、知書籍之貴重，心中有個敬字，便是不敢放肆之根，塾師之功，豈不大於雇人收字乎?乃吾竊見師之不修邊幅，不知禁戒者，身坐館中，絕不知有淨手之事，往往穢手翻書、穢手寫字，甚將字紙糊窗，字紙裹物，字紙揩案，視聖賢之遺跡爲不甚愛惜之端，師先如此糊塗，又何責於其徒?所以訓蒙之人多斬書香，不必論乎其他，卽此褻瀆聖賢之遺跡，其罪不可勝言矣。

【譯文】現在如有個僧人或者道士在這裏說

孔子不如佛老，儒家的讀書人必定會與他爭論，然而僧人或者道士會把佛老的話當作經典來奉行，而我們這些人卻把先師的言論視同兒戲，豈不是自己褻瀆了自己所尊敬的人嗎？世上的善人長者，有時會雇人去收集殘缺的書籍，因此為子孫後代的顯貴積下陰德，推究他們這樣做的原因，無非是因為他們內心對聖賢的一點真心敬意。何況作為老師，更應該以身作則，讓書館中的弟子們個個都知道聖賢的威靈和書籍的珍貴，心中有個「敬」字，便是不敢放肆的根源。塾師的功效，難道不比雇人收集字紙更大嗎？然而我卻私下裏看到有些老師不修邊幅，不知道禁忌，整日坐在館中，完全不知道洗手的事情，經常用髒手翻書、寫字，甚至用字紙糊窗戶、包裹物品、擦拭桌子，把聖賢的遺跡視為不值得愛惜的東西。老師自己如此糊塗，又怎麼能責怪他的學生呢？所以訓練啟蒙的人大多會斬斷書香之路，不必再說其他，就這種輕視聖賢遺跡的行為，其罪過就無法用言語來形容了。

顏之推曰：「吾每讀聖賢書，未嘗不肅衣冠對之，其故紙皆有五經辭義及聖賢名姓，不敢穢用也。」①

【注釋】①見《顏氏家訓·治家篇》。

【譯文】顏之推說：「我每次讀聖賢的書，從來都是穿上整潔的衣冠，恭敬地面對著書本。因為這些書頁上都有五經的經文和聖賢的名字姓氏，我不敢隨意對待。」

王曾①之父，生平見字紙遺棄，必拾而以香湯洗之，然後焚化，一夕夢至聖撫其背曰：「汝何敬重吾字紙之勤也？恨汝老矣，無可成就，當遣曾參來生汝家。」未幾，果生一男，卽沂公也，三元及第②，爲宋名相。

【注釋】①王曾：（978－1038），字孝先。青州益都（今山東省青州市）人。北宋名相、詩人。②三元及第：三元，科舉制度稱鄉試、會試、殿試的第一名為解元、會元、狀元，合稱「三元」。在鄉試、會試、殿試中考中了第一名，稱「三元及第」，在連續的鄉試、會試、殿試中均獲頭名稱「連中三元」。

【譯文】王曾的父親生前只要看見寫的字紙被丟棄了，一定會撿起來用香水洗淨，然後焚燒掉。有一天晚上，他夢見孔子撫摸他的背說：「你為什麼這麼敬重我的字紙呢？我很遺憾你已經老了，沒有什麼可以成就你的了，我決定讓曾參來到你家投胎。」不久之後，果然生了一個男孩，就是後來的沂國公王曾，他連中三元，後來成為了宋朝的名相。

二十、頂敬聖人篇

周濂溪[1]先生有言：世間最難得者人身。天生一個人，即想成就一個人。人者，天地之心，五行之秀，何等貴重?而自幼失教，則與禽獸無殊，古者教化之權屬於上，而貴賤相隔，所及有限。天心憫之，特生孔子以布衣爲聖人，創開師儒[2]之統，以教天下後世。而天下後世之習儒業者，散處天涯，隨地立教，隨地皆可化人，此上天仁愛斯民之苦心，謂教化不如此，不廣也。今之爲蒙師者，開一學館，皆知供孔聖人；收一門徒，皆知拜孔聖人。推其供聖人、拜聖人之心，固儼然聖人之徒也。過此以後，全不提起聖人，豈知聖人雖往，其言備載於書，拉到自己身上，便如聖人教我一般，拉到徒弟身上，便如我代聖人教徒弟一般。

【注釋】①周濂溪：即周敦頤(1017－1073)，原名敦實，字茂叔，因避宋英宗名諱而改名為敦頤，號濂溪，世稱濂溪先生，道州營道樓田堡(今湖南道縣)人。與邵雍、張載、程顥、程頤並稱北宋五子。中國北宋時期官員、文學家、理學家。②師儒：最早出自《周禮•地官•大司徒》：「四日聯師儒，五日聯朋友。」鄭玄注：「師儒，鄉里教以道藝者。」指教師，儒者。此處特指孔子開創的儒家教育傳統。

【譯文】周濂溪先生說過：世界上最難得的是成為一個人。天生一個人，就是想要成就一個人。人是天地之心，五行的精華，多麼珍貴啊！但是如果一個人從小沒有受到好的教育，就和禽獸沒有什麼區別。古代教化的權力屬於上層，貴賤有別，能夠受到教育的人有限。上天憐憫世人，特意讓孔子以布衣之身成為聖人，開創了老師從事教育的範式，教育後世。而後世中學習儒家學問的人，散佈在天涯海角，隨地開設學堂，隨地都能教化他人。這是上天對百姓的仁愛之心，認為教育不這樣，就無法普及世人。現在的人成為啟蒙老師後，開設一所學館，都知道供奉孔聖人，收一個門徒，都知道拜孔聖人，推崇供奉聖人、拜聖人的心態，彷彿已是聖人的弟子一樣。但是過了這個階段，就完全不提起聖人了，豈不知聖人雖已不在，但他的教誨都被載於書中，放到自己身上，就像聖人親自教導我一樣，放到徒弟身上，就像我代替聖人教育弟子一樣。

童子初入學堂，譬如初學行步，全靠塾師引之以行。不引之於康莊大道，而引之於荊棘叢中，是聖人之教，流爲害人之術也。害人之人而不加譴責，聖人爲無靈矣！

【譯文】小孩子剛剛進入學校，就像是剛開始學習走路一樣，完全依靠老師的引導才能行動。如果老師不引導他們走上康莊大道，而是引導他們走進荊棘叢中，那就是將聖人的教育方式變成了傷害人的手段。對於害人的人卻不加譴責，那麼聖人的教化就失去了其應有的效力和意義了啊！

夫師道與君親並重，君不君、父不父，皆有前鑒，獨無所謂師不師者，師以賢得民，不賢卽有愧於師，不賢卽不可為師也。世有擇師教子①之說，而眞知擇師，眞能擇師者幾人?故雖至愚不肖之師，皆有子弟徒之。蓋其頂著教學招牌，足以哄惑鄉愚，而子弟之來館者，錯投了胎，便終身無覺悟之日矣。

【注釋】①擇師教子：出自韓愈《師說》：「愛其子，擇師而教之；於其身也，則恥師焉，惑矣。」意思是指人們都想選擇賢能的老師教育他們的孩子。

【譯文】老師的地位與君主、父母並重，君主不像君主、父親不像父親，都有前車之鑒，唯獨沒有所謂老師不像老師的說法。老師因為賢能而得到人們的認可，如果不賢能就會對老師的稱號感到愧疚，不賢能的人就不應該成為老師。世上有選擇老師來教育子女的說法，但真正懂得如何選擇老師，真正能夠做到選擇好老師的人又有幾個呢？所以即使是極其愚笨不肖的老師，也都有學生跟隨他們學習。大概是因為他們頂著教學的招牌，足以哄騙迷惑鄉下的愚笨之人，而那些來到這種私塾學習的子弟，就像是投錯了胎，便終身沒有覺悟的日子了。

予嘗謂：《論語》開端一個「學」字，俗講云學讀書，未盡學字之義。當言學是學爲善人，人必爲善方算人，善到盡頭處便是聖人。如此開講，孩子方知讀書是學爲善人之路，讀一年書，學一年善人，讀數年書，學數年善人。作詩作文皆是學之枝葉，惟此學爲善人，是眞正根本，聖人以學教人，便是這個意思。

【譯文】我曾經說過，《論語》的開頭是一個「學」字，一般人說學就是讀書，但這並沒有完全理解學字的意義。應該說學是為了成為好人，人必須成為好人才能算得上是人，好的極致就是聖人。這樣講述，孩子們才會明白讀書是成為好人的道路，讀一年書就是學習一年成為好人，讀多年書就是學習多年成為好人。寫詩寫文章都是學習的一部分，只有這種學習是為了成為好人，才是真正的根本。聖人通過學習來教導人們，這就是這個意思。

我輩讀聖人書，便是聖人之徒，今日開館訓蒙，便在聖人洞鑒之中。我果有益於人，聖人必然喜我，降我之福；我果有害於人，聖人必然怒我，降我之禍。勿謂聖人高渺，未必知我輩之行爲。須知聖人之德，無微不周，卽聖人之靈，無微不察，苟能時時刻刻將聖人頂在頭上，則教人家子弟自不敢任意而行，無所忌憚。瞿曇氏①有言：「進吾門不窮，出吾門不富。」竊謂儒道亦然。自來認眞教人之師，未有不蒙聖人之眷顧；而疏忽害人之師，未有不遭聖人之譴責者。吁！可畏也。

【注釋】①瞿曇氏：瞿曇是印度剎帝利種之中的一個姓，瞿曇仙人之苗裔，即釋尊所屬之本姓，又作裘曇、喬答摩、瞿答摩、俱譚、具譚。意譯作地最勝、泥土、地種、暗牛、滅惡。

【譯文】我們讀聖人的書，就是聖人的學生。今天開設私塾來啟蒙教育，就在聖人的洞察之中。如果我真的對人有益，聖人一定會喜歡我，給我降下福氣；如果我真的對人有害，聖人一定會怒斥我，給我降下災禍。不要說聖人高遠渺茫，未必知道我們的行為。要知道聖人的德行，無微不至，聖人的靈性，也無所不察。如果能時時刻刻將聖人頂在頭上，那麼在教育別人的子弟時，自然不敢任意而行，無所顧忌。佛祖釋迦牟尼曾說：「進了我這門不會貧窮，出了我這門不會富貴。」我個人認為儒家之道也是這樣。自古以來，認真教人的老師，沒有不受到聖人眷顧的；而疏忽大意、害人的老師，沒有不遭到聖人譴責的。啊！這真是令人敬畏啊。

李竿叟曰：寒士謀生，只在課讀，人以爲館師多而館地少，求館綦難。不知館地甚多，館師則甚少，何也?士之處館，有師之名，無師之實，非糊塗卽苟且也。眞正讀書人家，意在培植子弟，我苟足以孚人，人方禱祀以求，又何待我之求人耶?求館者，以不得館爲苦，而不知求師者之以不得師爲苦也。故曰：「不患莫己知，求爲可知也。①」

【注釋】①出自《論語‧里仁篇》。意思是「不要擔心沒有人了解自己，應該努力讓自己成為值得被了解的人」。這裏用來鼓勵讀書人要提高自己的素質，讓自己成為值得被聘請的老師。

【譯文】李笮叟說：貧寒的讀書人謀求生計，只能依靠教書。人們認為教書的先生多而教書的地方少，所以找教書的地方很難。但他們不知道，實際上教書的地方很多，而真正稱職的教書先生卻很少。為什麼呢？因為很多在教書地方任職的人，雖然有老師的名義，卻沒有真正履行老師的職責，他們要麼是糊塗應付，要麼是苟且偷安。真正重視讀書的人家，他們的目的是培養自己的子弟。如果我們能夠足夠誠信，讓人信賴，那麼人家就會像祈求祭祀一樣來尋求我們，又何必等待我們去求別人呢？那些尋求教書地方的人，因為找不到教書的地方而感到苦惱，但他們卻不知道那些尋求老師的人因為找不到好老師而更加苦惱。所以說：「不要擔心沒有人了解自己，應該努力讓自己成為值得被了解的人。」

以上十八條，皆村學究閱歷之言也，語之淺，事之俗，辭之重，意之複，不免貽笑大方，然惺惺惜惺惺[①]，則姑妄言之，姑妄聽之，作村館中下酒物可也。每條之下，閑引故實[2]，或采前人名論，皆先得我心者[3]，故另脫一斷以別之[4]，亦不沒人善之意云爾[5]。

【注釋】①惺惺惜惺惺：聰明人理解聰明人，有共鳴之意。②故實：典故，舊事。③先得我心者：先觸動我心弦，讓我覺得有道理的。④另脫一斷以別之：特意將它們單獨列出，作為補充說明。脫，此處可理解為分離、列出；斷，段落、部分。⑤不沒人善之意云爾：不埋沒前人的善意和智慧罷了。沒，淹沒、忽略；人善，他人的善意或優點；云爾，語氣詞，相當於「罷了」。

【譯文】以上這十八條，都是我作為鄉村教書先生多年經歷積累下來的一些心得。說的話淺顯易懂，講的事兒貼近世俗，用詞可能顯得囉嗦，意思也可能有重複的地方，這些都難免會被見多識廣的人笑話。但話說回來，聰明人總是能理解聰明人的心意，所以我就姑且隨便說說，你們也就姑且隨便聽聽，權當是在鄉村學堂裏喝酒時閒聊的談資罷了。在每一條心得下面，我還順便引用了一些典故，或是採納了前人的一些名言警句，這些都是因為它們先觸動了我的心絃，覺得有道理才引用的。因此，我特意將它們單獨列出，作為補充說明，這也是為了不埋沒前人的善意和智慧。

或曰：「爾言十八條，皆責重在師，而於東家不之及，毋乃自褻其道乎？」村學究曰：「唯唯，否否，不然。『大學之禮，雖詔於天子無北面①』，況其下焉者乎？故凡師之眞有品學者，必東家有尊師重道之誠，而後能久於其館，否則泥爪偶留，飄然而去耳。所以人之輕師慢師者，必不能得賢明之師。古言三年學，不如三年擇師，苟無其師，寧可不學。若既奉之爲師，而又輕之慢之，『惟天陰騭下民②』，發見有輕師慢師之家而子弟得食詩書之報者乎？『道在反求③』，夫亦各盡其道焉可也。」

【注釋】①大學之禮，雖詔於天子無北面：引自《禮記·學記》，原意是在大學裏，老師與天子相見時，不必行北面臣服之禮，以示對老師的尊重。這裏借用來強調老師應有的尊貴地位。②惟天陰騭下民：出於《尚書·洪範》。意為上天會暗中保佑那些善良、正直的人。這裏借用來表達天道酬勤、眷顧尊重他人的人。③道在反求：求道的關鍵在於自我反省。這裏借用來強調每個人都應該在自己的位置上盡到自己的責任。

【譯文】有人說：「你所說的這十八條，都是強調教師的責任重大，而對於東家（雇主）卻沒有提及，這不是自己貶低了教師的地位嗎？」鄉村教書先生回答說：「哎呀，不是這樣，不是這樣。『在大學裏行禮，即使是天子召見老師，老師也不必面朝北（表示臣服），』更何況是那些地位更低的人呢？所以，凡是真正有品德學問的老師，一定是被東家以尊師重道的誠意相待，才能長久地留在學館裏教書，否則不過是像泥濘中的爪印一樣，短暫停留後就飄然而去了。因此，那些輕視老師、怠慢老師的人，也必定無法請到賢明的老師。古人說『三年學習，不如三年選擇老師』，如果沒有遇到合適的老師，寧可不學。如果已經尊他為師，卻又輕視他、怠慢他，『天道酬勤，但也眷顧那些尊重他人的人』，有誰能看到輕視老師、怠慢老師的家庭，其子弟還能得到讀書識字的好報呢？『學道貴在反求諸己』，每個人都要在自己的位置上盡到自己的責任才對啊。」

附錄一：袁了凡先生立命篇

余童年喪父，老母命棄儒學醫，可以養生，可以濟人，且習一藝以成名，爾父夙心也。後予在慈雲寺，遇一老者，修髯偉貌，飄飄若仙，予敬而禮之，語予曰：「子仕路中人也，明年即進學矣，何不讀書?」予告以故，曰：「吾姓孔，雲南人也，得邵子[1]皇極正傳[2]，數該傳汝，故萬里相尋，有何處可棲止?」乎予引之歸，試其數，纖悉皆驗，予遂起讀書之念。

【注釋】①邵雍(1012－1077)，字堯夫，號安樂先生、伊川翁等，相州林縣上杆莊(今河南省林州市劉家街村邵康村)人，祖籍范陽(今河北省涿州市大部村)。北宋理學家、數學家、詩人，與周敦頤、張載、程顥、程頤並稱「北宋五子」。②皇極正傳：這裏指的是邵雍所著的《皇極經世》一書的正統傳授或解釋。該書融合了道學、易學，通過元會運世等概念闡述宇宙生成論及歷史哲學。

【譯文】我在童年時失去了父親，年邁的母親讓我放棄儒學去學習醫術，她認為這樣既可以養生，又可以救助他人，同時掌握一門技藝也能成就名聲，這也是你父親我一直以來的心願。後來，我在慈雲寺遇到一位老者，他鬍鬚修長，容貌偉岸，行走間飄逸若仙，我對他充滿敬意並禮貌相待。他對我說：「你本應是仕途中人，明年就能進入學校深造了，為何不去讀書呢？」我向他說明了放棄儒學的原因，他回答說：「我姓孔，來自雲南，我得到了邵雍先生皇極經世的正統傳授，這學問理應傳給你，所以我萬里迢迢來找你，你有沒有合適的地方可以安頓我呢？」我於是邀請他回家，並嘗試驗證他所傳授的學問，結果每一項都極其準確，這讓我重新燃起了讀書求學的念頭。

孔爲予起數：縣考童生[1]當十四名，府考[2]七十一名，提學考[3]第九名。明年赴考，三處名數皆合，復爲余卜終身休咎，言某年考第幾名，某年當補廩[4]，某年當貢[5]，貢後某年當選四川一大尹，在任二年半，即宜告歸。五十三歲八月十四日丑時，當終於正寢，惜無子。

【注釋】①童生：明清的科舉制度，凡是習舉業的讀書人，不管年齡大小，未考取生員(秀才)資格之前，都稱為童生或儒童。②府考：府試是中國古代明、清兩朝科舉考試程式中，「童試」的其中一關。通過縣試後的考生有資格參加府試。府試在管轄本縣的府進行，由知府主持。參加府試，報名、保結，與考試的場次、內容同縣試差不多，但保結的廩生要多一名。府試通過後就可參加院試。③提學考：即「院試」，是清代由各省學政主持的考試。因學政又稱提督學院，故名。④補廩：廩生，古代官學或書院中享受廩膳補助的學生，又稱廩膳生員。此處「補廩」指的是通過某種途徑（如科舉考試中的優異表現）獲得廩生的資格或身份。⑤當貢：科舉制度中，由地方（府、州、縣學）選送國子監（中央官學）讀書的生員。明清時期，貢生有歲貢、選貢、恩貢、拔貢、副貢等幾種。貢生經過一定期限的考核，可充任官職。

【譯文】孔先生給我推算：在縣級考試中我排名第十四名，在府級考試中我排名第七十一名，在院考考試中我排名第九名。第二年我參加科舉考試，考試的結果和孔先生的推算一樣。之後孔先生又為我推算了餘生的吉凶，比如某年我能考第幾名，某年我應該會成為廩生，某年我會成為國子監的生員。在成為國子監生員的某年，我將被選為四川一個縣的縣令，任職兩年半後，就應當辭官回鄉。我在五十三歲那年的八月十四日丑時，就會壽終正寢，可惜我沒有子嗣。

備祿而謹識之，自此以後，凡遇考校其名次

先後皆不出孔公所懸定者。獨算予食廩米九十一石五斗當出貢，及食米七十餘石，屠宗師卽批准補貢，予竊疑之，後果爲署印[①]楊公所駁。直至丁卯年，殷秋溟宗師見予場中備卷，歎曰：「五策卽五篇奏議也，豈可使博洽淹貫[②]之儒老於窗下乎！」遂依縣申交[③]補貢，連前食米計之，適[④]九十一石五斗也。予因此益信進退有命、遲速有時，淡然無求矣。

【注釋】①署印：代理官職的官員，通常指暫時代理某項職務或負責某項工作的官員。②博洽淹貫：學識淵博，貫通古今。形容人的學識非常深厚，無所不知。③縣申交：縣裏遞交的申請或報告。在古代，地方上的事務通常需要經過層層上報，由縣裏向上一級或更高級別的官員或機構提出申請或報告。④適：恰好，正好。表示數量、時間、條件等完全符合或滿足某種情況。

【譯文】我將孔老者的預測詳細記錄下來，

並謹慎地保存著。從此以後，每次遇到考試，我的名次先後都完全符合孔老者所預測的，無一例外。唯獨在預測我享受廩米九十一石五斗後應當成為貢生這一點上，出現了波折。當我吃到七十多石廩米時，屠宗師已經批准我補為貢生，這讓我私下裏感到疑惑。後來，我的貢生資格果然被代理審核楊公所駁回。直到丁卯年，殷秋溟宗師在審閱我的考卷時，讚歎道：「這五篇策論就像五篇奏議一樣精彩，怎麼能讓這樣學識淵博的儒生一直埋沒於書齋之中呢！」於是，他依據縣裏的申請，批准我補為貢生。這樣，連同之前吃過的廩米，加起來恰好是九十一石五斗。

貢入燕都①，留京一年，終日靜坐。己巳歸，遊南雍②，未入監③。先訪雲谷禪師於棲霞山中，對坐一室，凡三晝夜不瞑目。雲谷問曰：「凡人所以不得作聖者，只爲妄念相繼耳，汝坐三日，不見起一妄念。」予曰：「吾爲孔先生算定，榮辱死生，皆有定數④，即要妄想，亦無可妄想。」雲谷笑曰：「我待汝爲豪傑，原來是個凡夫。」予問其故，曰：「人生安得無數？但惟凡人有數，極善之人數固拘他不定，極惡之人數亦拘他不定。汝二十年來被他算定，不曾轉動一毫。豈不是凡夫？」

（旁注：見得真、識得透，開後人無數作善法門。⑤）

【注釋】①燕都：古代北京的別稱，燕京。②南雍：指南京的國子監，是中國古代的最高學府之一。③監：此處指國子監，古代官辦的高等學府。④定數：命運、定數，指預先確定的規律或趨勢。⑤旁注：此處的旁注是對前面內容的總結和提升，指出認識到命運雖有定數，但人的善惡行為可以影響命運，鼓勵後人積極行善，開啟無數作善的法門或途徑。

【譯文】我作為貢生進入燕京（今北京），並在京城停留了一年時間，期間我終日靜坐，修身養性。到了己巳年，我返回故鄉，途中遊覽了南京的國子監，但並未正式入學。在此之前，我特意前往棲霞山拜訪了雲谷禪師。我們兩人對坐在一間靜室中，連續三天三夜都沒有合眼。雲谷禪師問我：「一般人之所以無法成為聖人，只因為他們的妄想雜念連綿不斷。而你靜坐三天，卻不見你心中生起一個妄念。」我回答說：「我被孔先生算定了命運，無論是榮耀、恥辱還是生死存亡，都有定數，所以我即使想要有妄想，也無法生出。」雲谷禪師聽後，笑著對我說：「我本來以為你是個有見識、有抱負的豪傑，原來卻是個被命運束縛的凡夫俗子。」我詢問他為何這麼說，他解釋道：「人生怎麼可能沒有定數呢？但是，只有凡人的命運才完全被定數所束縛。那些極其善良的人，他們的命運並不會被定數所局限；同樣，極其惡劣的人，他們的命運也不受定數的完全控制。而你，二十年來一直被他人的預測所束縛，沒有絲毫的改變和突破，這難道不是凡夫俗子的表現嗎？」

予問曰：「然則數可逃乎？」曰：「命自我作，福自己求。詩書所稱，的爲明訓。我教典中說：『求功名，得功名；求富貴，得富貴；求男女，得男女；求長壽，得長壽。』夫妄語乃釋迦大戒，諸佛菩薩豈誑語欺人乎？」予進曰：「孟子言：『求則得之，求在我者也。』道德仁義，可以力求。功名富貴，如何求得？」雲谷曰：「孟子之言不錯，汝自錯解了。汝不見六祖說：『一切福田，不離方寸，從心而覓，感無不通。』求之我，不獨得道德仁義，亦得功名富貴，內外兩得，是求有益於得也。若不反躬內省，而徒向外馳求，則求之有道矣，得之有命矣，內外兩失，故無益。孔公算汝終身若何？」予以實告，雲谷曰：「汝自揣應得科第否，應生子否？」予追省良久曰：「不應也。凡科第中人，類有福相，予福薄，又不能積功累行，以基厚福。兼不耐煩劇[①]，不能容人，時或才智陵人，直心直行，輕言妄談，凡此皆福薄之相也，豈宜科第哉？地之穢者多生物，水之清者常無魚，予好潔；和氣能育萬物，予善怒；愛爲生生之本，忍爲不育之根②，予矜惜名節③，常不能捨己救人；又多言耗氣，喜飲爍精④，好徹夜長坐，而不知葆元毓神⑤，皆宜無子。其餘過惡尚多，不能悉數。」

【注釋】①煩劇：繁雜而艱巨的事情。②忍為不育之根：殘忍是扼殺生命的根源。③矜惜名節：過于珍惜自己的名節。④喜飲爍精：喜歡飲酒損傷精氣。爍，意為損傷。⑤葆元毓神：保養元氣和神思。葆，保持；毓，養育。

【譯文】我問禪師：「那麼，命運真的可以逃脫或者改變嗎？」禪師回答說：「命運是由自己創造的，福氣也是自己追求的。《詩經》《尚書》等經典中所說的，都是明確的教誨。在我們的佛教經典中也說：『求功名就會得到功名，求富貴就會得到富貴，求子女就會得到子女，求長壽就會得到長壽。』說謊話是釋迦牟尼佛的大戒，諸佛菩薩又怎麼會欺騙世人呢？」我進一步問：「孟子說：『追求就能得到，因為追求的東西在於自身。』道德仁義這些品質，確實可以通過努力去追求獲得。但功名富貴又怎麼能夠追求得到呢？」雲谷禪師說：「孟子的話沒有錯，是你理解錯了。你沒聽說過六祖慧能大師說的話嗎？『一切福田，不離方寸之間，從心中去尋找，就沒有感應不到的。』在我這裏尋求，不僅可以得到道德仁義，也可以得到功名富貴，內外兼修，這樣的追求才是有益的。如果不反省自身，只是盲目地向外追求，那麼雖然追求的方法是正確的，但能否得到卻要看命運了，這樣就會導致內外都失去，所以無益。孔先生給你算了一生的命運如何？」我如實地告訴了他。雲谷禪師又問：「你自己估量一下，你應該得到科舉功名嗎？應該生兒育女嗎？」我反思了很久，回答說：「不應該。凡是能在科舉中取得功名的人，大多有福相，而我福氣淺薄，又不能積累功德善行來奠定深厚的福報。而且我性情急躁，不能容忍他人，有時才智超過別人就自視甚高，說話直來直去，輕率妄言，這些都是福薄的表現，怎麼適合在科舉中取得功名呢？土地污穢的地方往往生長茂盛的作物，清澈的水中常常沒有魚，而我喜好潔淨；和氣能養育萬物，而我卻容易發怒；愛心是生命的根本，而殘忍是扼殺生命的根源，我過於珍惜自己的名節，常常不能捨棄自己去救助他人；另外，我還喜歡多說話耗損精神，喜歡飲酒損傷精氣，喜歡徹夜長坐而不知保養元氣和神思，這些都應該是沒有子嗣的原因。其他的過錯還有很多，不能一一列舉。」

雲谷曰：「豈惟科第哉？世間享千金之產者，定是千金人物；享百金之產者，定是百金人物；應餓死者，定是餓死人物。天不過因材而篤，幾曾加纖毫意思？即如生子，有百世之德者，定有百世子孫保之；有十世之德者，定有十世子孫保之；有三世二世之德者，定有三世二世子孫保之，其斬焉無後者，德至薄也。汝既知非，將向來不登科第及不生子之相，盡情改刷，務要積德，務要包荒，務要和愛，務要惜精養神。從前種種，譬如昨日死；從後種種，譬如今日生。（旁注：兩語度人萬千。）此義理再生之身也。夫血肉之身，尚然有數，義理之身，豈不能格天?《太甲》曰：『天作孽，猶可違；自作孽，不可逭。[①]』孔先生算汝不登科第、不生子者，此天作之孽也，猶可得而違也。汝今充廣德性，力行善事，多積陰德，此自己所作之福也，安得而不受享乎?《易》爲君子謀趨吉避凶，若言天命有常，吉何可趨，凶何可避?開章第一義便說：『積善之家，必有餘慶；積不善之家，必有餘殃。』汝信否?」予信其言，拜而受教，因將往日之罪，從今盡情發露，爲疏一通，先求登科，誓行善事三千條，以報天地祖宗之德。雲谷出《功過格》示予，令所行之事，逐日登記。善則記數，惡則退除，且教持《准提咒》[②]，以期必驗。語予曰：「凡祈天立命，都要從無思無慮處感格，孟子論立命之學，而先曰『殀壽不貳』[③]，夫夭與壽，至二者也，當其不動念時，孰爲夭、孰爲壽?細分之，豐歉不二，然後可以立貧富之命；窮通不二，然後可以立貴賤之命；夭壽不二，然後可以立生死之命。人生世間，惟死生爲重，曰夭壽，則一切順逆皆該之矣。至『修身以俟之』，乃積德祈天之事。曰『修』，則身有過惡，皆當治而去之；曰『俟』，則一毫覬覦，一毫將迎，皆當斬絕之矣。到此地位，纖塵不動，求卽無求，不離有欲之中，直造先天之境，卽此便是實學。汝未能無心，但持《准提咒》，不令間斷，於持中不持，於不持中持，到得念頭不動則驗矣。」

【注釋】①天作孽，猶可違；自作孽，不可逭：上天降下的災害還可以逃避，自己造成的罪孽可就無處可逃。多被引用自作自受時的感受。違，回避。逭，逃脫。語見《尚書·太甲》。②持准提咒：准提咒目前在顯教的《佛教念誦集》中作為「十小咒」之一，整體咒語為：南無颯哆喃(nā mó sà duō nán)，三藐三菩陀(sān miǎo sān pú tuó)，俱胝喃(jù zhī nán)，怛侄他(dá zhí tuō)，唵，折戾主戾(ōng, zhé lì zhǔ lì)，准提娑婆訶(zhǔn tí suō pó hē)。③夭壽不二，修身以俟：出自於《孟子‧盡心上》。意思是不論壽命是長是短都不改變態度，只是修身養性等待天命，這就是確立正常命運的方法。

【譯文】雲谷禪師說：「難道僅僅是科舉考試嗎？世間能享受千金財富的人，必定是具備千金身價的人物；能享受百金財富的人，必定是具備百金身價的人物；而那些應該餓死的人，也必定是命中註定該餓死的人物。上天不過是根據每個人的資質來厚待他們，何曾有過絲毫的偏袒或強加意願呢？就像生孩子一樣，有百世德行的人，定會有百世的子孫來保佑他；有十世德行的人，定會有十世的子孫來保佑他；有三世或二世德行的人，也定會有相應世代的子孫來保佑他。而那些斷絕後嗣的人，是因為他們的德行太過淺薄了。你既然已經認識到了自己的過錯，就應該將過去導致科舉不中和無子的命運，徹底地改正過來，務必要積德行善，務必要包容寬恕，務必要和藹仁愛，務必要愛惜精神、保養元氣。過去的事情，就像昨天已經死去；未來的事情，就像今天剛剛出生。（旁注：這兩句話能度化成千上萬的人。）這是你通過義理再生的身體。血肉之軀尚且受到命運的限制，而義理之身又怎能不被上天所感應呢？《尚書·太甲》中說：『上天降下的災禍，還可以逃避；自己造成的罪孽，卻無法逃脫。』孔先生算你科舉不中、無子，這是上天降下的災禍，還可以改變。你現在要擴充自己的德行，努力行善，多積陰德，這是你自己造作的福報，怎麼會不享受它的好處呢？《易經》為君子謀劃趨吉避凶的方法，如果說天命是固定不變的，那麼吉祥怎麼能夠趨求，兇險又怎麼能夠避免呢？開篇第一章就說：『積善之家，必有餘慶；積不善之家，必有餘殃。』你相信嗎？」我相信了他的話，恭敬地接受了他的教誨，於是將自己過去的罪過，從今以後全部坦白出來，寫了一份詳細的悔過書，先祈求科舉成功，併發誓要行善三千條，以報答天地和祖宗的恩德。雲谷禪師拿出《功過格》給我看，讓我把自己所做的事情，每天登記下來。善行就記錄下來，惡行就消去，並且教我持誦《准提咒》，以期必定應驗。他對我說：「凡是祈求天命、改變命運，都要從沒有雜念、沒有憂慮的地方去感應。孟子談論立命的學問時，首先就說『夭壽不二』，夭折與長壽，是人生中最大的兩種變數，當你不動念的時候，哪里是夭折、哪里是長壽呢？進一步細分，豐年與歉年沒有區別，然後才能確立貧富的命運；困頓與通達沒有區別，然後才能確立貴賤的命運；夭折與長壽沒有區別，然後才能確立生死的命運。人生在世，只有生死最為重要，說到夭壽，那麼一切順境逆境都包含在內了。至於『修身以俟之』，則是積德行善、祈求天命的事情。說『修』，就是自身有過錯和惡行，都應當改正並去除；說『俟』，就是一絲一毫的貪念、一絲一毫的迎合，都應當斬斷。到了這種境界，心如止水，無所求而自然得，不離有欲之境，直接進入先天之境，這就是真正的學問。你現在還不能做到心無雜念，但只要堅持持誦《准提咒》，不間斷，在持誦中不執著於持誦，在不持誦中保持持誦的狀態，直到念頭不再動搖，就會應驗了。」

予初號學海，取百川學海而至於海之義，是日改號了凡，蓋悟立命之說，而欲不落凡夫窠臼也。從此而後，終日兢兢，便覺與前不同，前日只是悠悠放曠，到此自有戰兢惕勵景象。（旁注：人得力處，吾輩本宜如此。）在暗室屋漏[①]之中，常恐得罪天地鬼神；（旁注：縱天地鬼神可期，自心可期乎？）遇人憎我毀我，自能恬然容受。到明年庚午，禮部考科舉，孔先生算考第二，忽考第一，其言不驗，而秋闈中式[②]矣。然行義未純，檢身多誤，或見善而行之不勇，或救人而心常自疑，或身勉爲善而口有過言，或醒時操持而醉後放逸，以過折功[③]，日常虛度，自己巳歲發願，直至己卯歲，歷十餘年，而三千善行始完。

【注釋】①暗室屋漏：指別人看不見的地方，隱私之室。②秋闈中式：秋闈指秋季的科舉考試，中式即考中，成為舉人。③過折功：指過錯抵消了善行所積的功德。

【譯文】我最初取號為「學海」，是取自「百川匯成學海，終至大海」的寓意，意味著廣泛學習，不斷積累。但這一天，我改號為「了凡」，這是因為我領悟到了「立命」的學說，希望自己能夠超脫凡塵俗世的束縛，有所作為。從此以後，我終日小心謹慎，勤勉不懈，便感覺與以往大不相同。以前的我常常荒唐放縱，而現在則充滿了警醒和激勵的景象。（旁注：這是人真正有所成長和進步的地方，我們本就應該如此。）在獨處或無人知曉的情境中，我常常擔心自己的行為會得罪天地鬼神；（旁注：即使天地鬼神可能不知，但自己的內心能無愧嗎？）遇到有人憎恨我、詆毀我，我也能坦然接受，保持平和的心態。到了第二年庚午年，禮部舉行科舉考試，孔先生曾算定我應考第二名，但結果我卻考了第一名，他的預言沒有應驗。並且在秋天的鄉試中，我成功考中。然而，我深知自己的德行修養尚未純熟，自我反省時仍發現許多錯誤，有時見到善行卻不敢勇敢去做，有時想要救人卻內心常常自我懷疑，有時身體力行做好事但言語上卻有過失，有時清醒時能保持操守但酒醉後就放縱自己。這些過錯抵消了我的善行，使得日常時光常常虛度。因此，我從自己巳歲（1569）開始發願，直到己卯歲（1579），歷經十餘年，才終於完成了三千件善行的目標。

時方有事入關，庚辰南還，始及回向[①]，遂起求子念頭，亦許行三千善事，辛巳生汝儼。（原名天啟，後中天啟乙丑進士。）予行一事，隨以筆記，汝母不能書，每行一事，輒用鵝毛管[②]印一朱圈於曆日之上，或施貧人，或放生[③]命，一日有多至十餘圈者，至癸未八月三千之數已滿，就家回向訖，複起求中進士願，許行善事一萬條。

【注釋】①回向：佛教修行法門之一，指將自己所修之功德，回轉給眾生或特定的對象，以共沾利益或成就某種願望。②鵝毛管：古代書写工具，用鵝毛製成的笔管，通常与笔頭(如狼毫、兔毫等)配合使用。③放生：佛教中的一種修行方式，指將被捕獲的魚、鳥等生靈放歸自然，以積累功德。

【譯文】當時我正有事情需要入關，到了庚辰年（1580）我南下返回，這時開始有了回向的念頭，並因此生起了求子的願望，同時也發願要行三千件善事。到了辛巳年（1581），你，我的兒子儼（後改名天啟，並在乙丑年考中進士）誕生了。我每做一件善事，都會立即用筆記錄下來。你的母親不識字，所以每當她做了一件善事，就會用鵝毛管蘸上朱砂，在日曆上印上一個紅圈作為標記。這些善事包括施捨給貧困的人，或者放生動物等。有時候，一天之內會積累到十多個紅圈。到了癸未年（1583）的八月，我們完成了三千件善事的目標，於是在家中舉行了回向儀式，以感謝並祈求更多的福報。之後，我又生起了求中進士的願望，併發願要再行善事一萬條。

丙戌登第，授寶坻知縣[1]，予置空格一冊，名《治心篇》。晨起坐堂，置案桌上，所行善惡，纖悉必記，夜則設案於庭，效趙閱道[2]焚香告帝，汝母見善事不多，輒頻蹙曰：「我前在家，相助爲善，故三千之數得完，今許一萬，衙中無事可行，何時得圓滿乎。」忽夜夢見一神人，予告以善事難完之故，神曰：「只減糧一節，萬行俱完矣。」（旁注：諺云，居官不行善，如入空山空手而回。）蓋寶坻之田，每畝二分三厘七毫，予爲區處[3]，減至一分四厘六毫。委有此事，心頗疑惑，適幻余禪師自五臺來，予以夢告之，且問此事宜信否？禪師曰：「善心眞切，卽一行可當萬善，況合縣減糧，萬民受福乎？」予遂捐俸就五臺回向之。

【注釋】①寶坻知縣：寶坻縣(今天津市寶坻區)的知縣，即該縣的行政長官。②趙閱道：趙抃(1008－1084)字閱道，宋衢州西安(今浙江衢州市)人。景祐元年(1034)進士，任殿中侍御史，彈劾不避權勢，時稱「鐵面御史」。平時以一琴一鶴自隨，為政簡易，長厚清修，日所為事，夜必衣冠露香以告於天。③區處：處理、籌畫。

【譯文】在丙戌年（1586）我科舉及第，被授予寶坻縣知縣的職位。我準備了一本空白的冊子，命名為《治心篇》。每天早晨起床後，我坐在大堂上，將這本冊子放在案桌上，記錄下我所做的每一件善事和惡事，無論大小都詳細記錄。到了晚上，我就在庭院中設案，效仿北宋趙閱道焚香告天。你的母親見我記錄的善事不多，就頻繁地皺眉說：「我以前在家時，幫助你一起行善，所以能完成三千件善事的目標。現在你許諾要做一萬件，但在衙門裏沒什麼事可做善事，什麼時候才能圓滿完成呢？」忽然有一天夜裏，我夢見一個神人，我向他訴說善事難以完成的原因，神人說：「只要減少百姓的田賦這一項，就等於完成了萬件善事。」（旁注：俗話說，做官如果不行善，就如同進入空山空手而歸，一無所獲。）原來，寶坻縣的田賦每畝是二分三厘七毫，我經過籌畫，將其減少到一分四厘六毫。這件事確實發生了，但我心中仍有些疑惑。恰好這時幻余禪師從五臺山來，我向他講述了這個夢，並詢問這件事是否可信。禪師說：「如果你的善心真切，那麼一件善事就可以抵得上萬件善事，更何況是全縣範圍內減少田賦，讓萬民受益呢？」於是，我捐獻了自己的俸祿，前往五臺山進行回向。

孔先生算予五十三歲有厄，予未嘗祈禱，是歲竟無恙，今六十八歲矣。《書》言：「天難諶，命靡常①。」又言「惟命不於常②。」皆非誑語，吾於是而知凡稱禍福無不自己求之者，乃聖賢之言，若謂禍福惟天所命，則世俗之論矣。

【注釋】①天難諶，命靡常：上天難信，天命無常。諶，相信。出自《尚書·咸有一德》。②惟命不於常：只有天命是不會常保的。出自《尚書·康誥》。

【譯文】孔先生曾算定我五十三歲時會有災禍，但我從未因此祈求禱告，而那一年我竟然安然無恙。如今我已經六十八歲了。《尚書》中說：「上天的意旨難以揣測，命運也不是固定不變的。」又說「天命並非永遠固定在某個人或事物上。」這些話都不是虛妄之言。我因此明白，所有說禍福都是由自己行為求來的，這才是聖賢的教誨。如果說禍福完全由天命決定，那只是世俗的論調罷了。

爾之命未知若何，即命當榮顯，常作落寞想；即命當順利，常作拂逆想；即現頗足食，常作貧窶[1]想；即人相愛敬，常作恐懼想；即家世望重，常作卑下想；即學問頗優，常作淺陋想。遠思揚祖之德，近思蓋父之愆；上思報國之恩，下思造家之福；外思濟人之急，內思閑己之邪。務要日日知非，日日改過。一日不知非，即一日安於自是；一日無過可改，即一日無步可進。天下聰明俊秀不少，所以德不加修、業不加廣者，只爲「因循」二字耽閣一生。（旁注：直為世人痛下一棒。）雲谷禪師所授立命之說，乃至精至邃、至眞至正之理，其熟玩[2]而勉行之，毋自曠[3]也。

【注釋】①貧窶(jù)：貧窮困苦。②熟玩：仔細玩味，深入理解。③曠：荒廢，耽誤。

【譯文】你的命運未知會如何，即使命運註定你將榮耀顯達，也要常常設想自己可能會落寞；即使命運順利無阻，也要常常設想可能遭遇挫折；即使現在衣食無憂，也要常常設想可能陷入貧困；即使人們敬愛尊重自己，也要常常保持謹慎，以防失去這份尊重；即使家族世代聲望顯赫，也要常常把自己放在卑微的位置；即使學識相當淵博，也要常常認為自己還有淺陋之處。遠要考慮如何發揚光大祖先的德行，近要思考如何彌補父輩的過失；上要想著如何報效國家的恩德，下要想著如何為家族創造福祉；對外要想著如何救濟他人的急難，對內要想著如何清除自身的邪惡念頭。務必做到日日反省自己的過錯，日日改正錯誤。如果有一天沒有認識到自己的過錯，那麼這一天就會安於自以為是；如果有一天沒有過錯可以改正，那麼這一天就沒有進步的空間。天下聰明才俊的人不少，但之所以品德不能增進、學業不能廣進，只是因為「因循守舊、不思進取」這兩個字耽誤了一生。（旁注：這真是一語驚醒夢中人，為世人敲響了警鐘。）雲谷禪師所傳授的立命之說，是非常精深、真實且正確的道理，應當仔細玩味並勉力實行，不要自己荒廢了自己。

附錄二：俞淨意先生遇灶神記

明嘉靖時，江西俞公諱都，字良臣，多才博學，年十八，爲諸生[1]，試輒高等，與同庠生十餘人結文昌社，惜字放生[2]，戒淫殺、口過，行之有年，前後七科不中。生五子，四子病夭，其第三子甚聰秀，左足底有雙痣，夫婦寶之，八歲戲於里中，遂失去，不知所之。四女僅存其一，妻以多哭兒女故，兩目皆盲。公潦倒中年，貧窘益甚，自反無大過，慘膺天罰[3]，年四十外，每歲臘月終，自寫黃疏，禱於灶神，求其上達，如是數年，亦無報應。

【注釋】①諸生：明清時期經考試錄取入府、州、縣各級學校學習的生員，俗稱秀才。②惜字放生：古代文人認為文字是神聖且具有靈性的，因此有「惜字」的習俗，即不隨意丟棄或汙損寫有文字的紙張，並會收集起來焚燒以示尊重。放生則是指購買或解救被捕捉的動物，將其放歸自然，以積德行善。③慘膺天罰：慘遭上天對於人的過錯所給予的懲罰。

【譯文】明朝嘉靖年間，江西有位俞公，名諱叫都，字良臣，他多才多藝，學識淵博。十八歲時，他已是秀才，每次考試都名列前茅。他與十多個同窗好友結文昌社，共同宣導珍惜字紙、放生動物、戒除淫邪、殺戮、不造口業，這些善行他們堅持了很多年。然而，儘管如此，俞公在科舉考試上卻連續七次落榜。他育有五子，其中四個都因病夭折，第三個兒子非常聰明伶俐，左腳底還長有雙痣，被視為珍寶，但在他八歲那年，在村裏玩耍時突然失蹤，下落不明。他的四個女兒中也僅存一個。妻子因為頻繁哭泣失去的孩子，最終雙眼失明。俞公中年時生活困頓，貧窮窘迫愈發嚴重。他反思自己，覺得自己並沒有犯下大過錯，卻為何會遭受如此慘重的天罰。於是，在他四十歲以後，每年的臘月三十晚上，他都會用黃表紙親自書寫祈願文，向灶神祈禱，希望自己的心意能夠上達天庭，然而這樣的祈禱持續了好幾年，也沒有任何回應。

至四十七歲，除夜，與瞽妻一女共坐，舉室蕭然[①]，淒涼相弔[②]。忽聞叩門聲，公秉燭視之[③]，見一角巾皂服[④]之士，鬚髮半蒼[⑤]，長揖就坐[⑥]，口稱姓張，自遠路歸，聞君舉家愁歎，特來相慰。

【注釋】①舉室蕭然：整個屋子冷冷清清，沒有生氣。舉室，指全家；蕭然，形容冷清寂寞。②淒涼相弔：彼此淒涼地相互慰藉。弔，同「吊」，慰問的意思。③秉燭視之：拿著蠟燭去看。秉，拿著；燭，蠟燭；視，看。④角巾皂服：古代的一種服飾，角巾指隱士所戴的方形頭巾，皂服指黑色的衣服，這裏用來形容士人的朴素裝扮。⑤鬚髮半蒼：鬍鬚和頭髮半白，形容人已中年或老年。鬢，鬍鬚；髮，頭髮；蒼，灰白色。⑥長揖就坐：作了個長揖然後坐下。長揖，古代的一種禮節，拱手高舉，自上而下。

【譯文】俞公到了四十七歲那年，除夕夜，俞公和雙目失明的妻子以及一個女兒坐在一起，整個屋子冷冷清清，他們相互慰藉著彼此的淒涼。就在這時，突然聽到敲門聲，俞公手持蠟燭去開門查看，只見一位頭裹方巾、身穿黑衣的士人站在門外，他鬍鬚和頭髮已經半白，他向俞公深施一禮後進屋坐下。他自稱姓張，說剛從遠方歸來，聽到俞公全家在唉聲歎氣，特地前來安慰。

公心異其人，執禮甚恭，因言生平讀書積行，至今功名不遂，妻子不全，衣食不繼，且以歷焚灶疏，爲張誦之。張曰：「予知君家事久矣，君意惡太重，專務虛名，滿紙怨尤，瀆陳上帝，恐受罰不止此也。」公大驚曰：「予聞冥冥之中，纖善必錄，余與同社諸生，誓行善事，恪奉規條久矣，豈盡屬虛名乎?」張曰：「卽如君規條中惜字一款，君之生徒，與知交輩，多用書文舊冊糊窗裹物，甚至以之拭桌，且藉口曰：旋汙而旋焚之。君日日親見，略不戒諭一語，但遇途間一二字紙，拾歸付火，有何益哉?社中每見放生，君隨班奔逐，因人成事，倘諸人不舉，君亦浮沉而已，其實慈悲之念，並未動於中也。且君家蝦蟹之類，亦登於庖，彼獨非生命耶?若口過一節，君語言敏妙，談者常傾倒於君。君彼時出口，心亦自知傷厚，但於朋談慣熟中，隨風訕笑，不能禁止，舌鋒所及，怒觸鬼神，陰惡之注，不知凡幾，乃猶然以簡厚自居，吾誰欺，欺天乎?邪淫雖無實跡，君見人家美子女，必熟視之，心卽搖搖不能遣，但無邪緣相湊耳。君自反身當其境，能如魯男子①乎?遂謂終身無邪色，可對天地鬼神，眞妄也!此君之規條誓行者，尚然如此，何況其餘?君連歲所焚之疏，悉陳於天，上帝命日遊使者[2]察君善惡，數年無一實善可紀，但於私居獨處中，見君貪念、淫念、妒嫉念、褊急念、高己卑人念、憶往期來念、恩仇報復念、憧憧[3]於胸，不可紀極，此諸種種意惡，固結於中，神注已多，天罰日甚，君逃禍不暇，何猶祈福哉？」

【注釋】①魯男子：據《孔子家語·好生》記載，魯人有獨處室者，鄰之嫠婦亦獨處一室。夜，暴雨至，嫠婦室壞，趨而托焉。魯人閉戶而不納。嫠婦自牖與之言：「何不仁而不納我乎？」魯人曰：「吾聞男女不六十不同居，今子幼，吾亦幼，是以不敢納爾也。」婦人曰：「子何不如柳下惠然？嫗不逮門之女，國人不稱其亂。」魯人曰：「柳下惠則可，吾固不可。吾將以吾之不可，學柳下惠之可。」後因稱拒近女色的人為「魯男子」。②日遊使者：神話中負責監察人間善惡的神靈使者。③憧憧（chōng）：來往不絕的樣子。

【譯文】俞公心中很是奇怪，但對老者依然很恭敬。對他說了自己一生苦讀，積累善行的事，但至今卻未考取功名，妻子目盲，生活困頓，並把自己寫給灶神的禱文念給他聽。張姓老者說：「我早就知道你家的情況了，你的惡念太重，專注於虛名，滿紙寫的抱怨之詞，褻瀆上天，恐怕不止會受到這樣的懲罰。」俞公聽完大吃一驚，說：「我聽說上天在冥冥之中，人的一絲善行都會被記錄下來。我和同社的同學們，發誓要做好事，恪守規條已經很久了，怎麼會全都是虛名呢？」張姓老者說：「比如你的規條中有一條敬惜字紙，你的學生以及和你有交情的同輩，經常使用舊書文糊窗戶或包裹物品，甚至用它們擦桌子，還藉口說：用完就燒掉。你每天親眼見到，卻從來不加戒備和教導一句，只要路上有一兩張紙，就撿起來扔進火裏，有什麼好處呢？社團中每次放生，你都跟著去追逐，那是因為別人做了，你也跟著做，如果其他人不做，你也就隨波逐流，其實並沒有真正生起慈悲之心。

而且你家廚房裏也烹飪蝦蟹等生物，它們難道不是生命嗎？再說到你的口過，你言語敏捷，談吐風趣，常常讓人傾倒。但你有時說出的話，心裏也知道會傷害別人，只是在朋友間談笑習慣了，就隨風附和，不能自我控制。你的話鋒所及，可能已經觸怒了鬼神，暗中積累的惡業數不勝數。可你卻還自以為寬厚，你這是在欺騙誰呢？欺騙上天嗎？至於邪淫，雖然你沒有實際的行為，但看到別人家的美女，你總是目不轉睛地盯著看，心裏也蠢蠢欲動不能自已，只是沒有合適的機緣罷了。你自己想想，如果身處那種誘惑之中，你能像魯男子那樣坐懷不亂嗎？你卻說自己終身沒有邪念，可以對得起天地鬼神，這真是自欺欺人啊！這些都是你規條中發誓要遵守的，卻尚且如此，更何況其他呢？你這些年燒的祈求文書，都呈給了上天，但上天派日遊使者來考察你的善惡，幾年下來卻沒有一件真實的善行可以記錄。相反，在你獨處時，貪婪、淫欲、嫉妒、急躁、高傲自大、輕視他人、追憶過去、期盼未來、恩怨報復等種種惡念，在你的心中此起彼伏，無法計數。這些惡念在你心中根深蒂固，已經積累了太多的神罰，天罰日益嚴重，你躲避災禍都來不及，怎麼還能祈求福報呢？」

公驚愕惶悚，伏地流涕曰：「君既通幽事，必神也，願垂救度。」張曰：「君讀書明理，亦知慕善爲樂，當其聞一善言時，不勝激勸，見一善行時，不勝鼓舞，但旋過旋忘，信根原自不深，恒性是以不固，故生平善言善行都是敷衍浮沉，何嘗有一事著實?且滿腔意惡起伏纏綿，猶欲責天美報，如種遍地荊棘，癡癡然望收嘉禾，豈不謬哉?君從今後，凡有貪淫、客氣、妄想諸雜念，先具猛力，一切屏除，收拾乾乾淨淨。一個念頭，只理會善一邊去。若有力量能行的善事，不圖報、不務名不論大小難易，實實落落耐心去行，若力量不能行的，亦要懇懇勤勤，使此善意圓滿。第一要忍耐心，第二要永遠心切，不可自惰，切不可自欺，行之久久，自有不測效驗，速速勉持，可回天意。」

【譯文】俞公聽後驚愕惶恐，跪在地上流淚說：「您既然能了解幽冥之事，一定是神明，求您施以援手。」張姓老者說：「您讀書明理，也該知道追求善行是快樂的。每當聽到一句善言時，內心深受激勵勸勉；看到善行時，又倍感鼓舞振奮。但往往這些感受很快就過去了，忘記得很快，說明你的信仰根基原本就不深厚，恒心毅力也因此不堅定。所以，你生平所說的善言、所做的善行，大多只是表面敷衍、隨波逐流，有哪一件事是真正用心去做、實實在在的呢？更何況你心中充滿了各種惡念，這些惡念此起彼伏、糾纏不斷，你卻還奢望上天能給予美好的回報，這就像是在遍地荊棘的土地上，癡心妄想能收穫金黄的稻穀一樣，豈不是太荒謬了嗎？從今往後，你凡是遇到貪欲、傲慢、邪念等雜念，都要用強大的意志力，將它們一一清除乾淨，讓自己的心靈變得純淨無暇。每一個念頭，都要專注於行善上。如果有能力去做的善事，就不要圖回報、不追求名聲，不論大小難易，都要實實在在、耐心地去完成。如果力量不足以完成的善事，也要誠懇勤勉，努力讓這份善意圓滿。最重要的是要有耐心，其次是要永遠保持迫切的心，不可懈怠，更不可自欺欺人。堅持這樣做下去，自然會有意想不到的效驗。快快勤勉堅持吧，這樣可以挽回天意。」

言畢卽進內，公急起隨之，至灶下，忽不見，方悟爲司命之神，因焚香叩謝，卽於次日元旦，拜禱天地，誓改前非，實行善事，自別其號曰淨意道人，志除諸妄也。初行之日，雜念紛乘，非疑卽惰，忽忽時日，依舊浮沉，因叩頭所供大士前，敬發誓願，善念眞純，善力精進，倘有絲粟自寬，永墜地獄。從此一言一動、一念一時，皆如鬼神之傍，不敢欺肆。凡一切有濟於人、有利於物者，不論事之巨細，身之忙閑，人之知不知，力之繼不繼，皆歡喜行持，委曲成就而後止，隨緣方便，廣植陰功。又以敦倫勤學、守謙忍辱，與夫因果報應之言，逢人化導，惟日不足，每月晦日，即計一月所行所言者，就灶神處爲疏以告之，持之既熟，動則萬善相隨，靜則一念不起。

【譯文】張姓老者說完話就進了屋，俞公急忙跟著進去，到了灶下，突然不見了，才明白剛才與他對話的原來是掌管人間命運的司命之神。於是，他立刻焚香叩拜表示感謝。到了第二天元旦，他恭敬地祭拜天地，發誓要徹底改正以前的過錯，實實在在地去做善事。為了表明自己的決心，他還改了自己的別號為「淨意道人」，寓意著要清除一切妄念，只留清淨之意。剛開始實踐的時候，各種雜念還是紛至遝來，不是懷疑就是懈怠，日子就這樣恍恍惚惚地過去了，自己似乎還是老樣子，在善與惡之間浮沉不定。於是，他再次在供奉的觀音菩薩像前磕頭，鄭重地發下誓願，要讓自己的善念純真無染，行善的力量不斷精進。他發誓，如果有一絲一毫的懈怠或放縱自己，就甘願永遠墮入地獄。從此以後，他的一言一行、每一個念頭、每一個時刻，都像是鬼神在旁監督一樣，絲毫不敢欺騙和放縱自己。凡是一切有益於他人、有利於萬物的事情，不論事情的大小、自己是否忙碌、別人是否知道、自己的力量是否足夠持續，他都歡喜地去做，並且盡力去促成善果。他隨順因緣，方便行事，廣泛地積累陰德。此外，他還積極向人們傳播倫理道德、勤奮學習、謙虛忍讓以及因果報應的道理，逢人就勸導，總覺得時間不夠用。每個月的最後一天，他都會回顧自己這一個月來的言行舉止，然後到廚房的灶神前，將這些事情寫成疏文來告訴灶神，以此作為自我監督和向神靈彙報的方式。隨著時間的推移，他做得越來越熟練，行動起來就有萬善相隨，靜下來則一念不起，達到了很高的修行境界。

如是三年，年五十歲，乃萬曆二年甲戌，

會試天下，張江陵爲首輔①，撤闈後②，訪於同鄉，爲子擇師,人交口薦公，遂聘赴京師，公挈眷以行。張敬公德品，爲援例入國學③，丙子附京鄉試，遂登科，次年中進士。一日偶謁內監楊公，楊令五子出拜，皆其覓諸四方，爲己嗣以娛老者。內一子貌熟，問其籍，曰江西，少時誤入糧船，猶依稀記姓氏閭里④，公甚訝之，命脫左足，雙痣宛然。公呼曰：「是吾兒也!」楊亦驚愕，即送其子隨公還寓。夫人撫子大慟，母子持哭，兒舌舐母目，夫人雙目復明。公悲喜交集，遂不願爲官，辭江陵回籍。張高其義⑤，厚贈而還。

【注釋】①張江陵：即張居正，字叔大，號太嶽，江陵人(今湖北荊州人)，故稱「張江陵」。明代政治家、改革家、內閣首輔，輔佐萬曆皇帝進行「萬曆新政」。首輔：明代對首席大學士的習稱，內閣大學士之首，負責起草詔令、輔佐皇帝處理政務。②撤闈後：指科舉考試結束後，闈指考場。③援例入國學：按照慣例進入國子監學習。國學即國子監，古代的最高學府和教育管理機構。④閭里：古代指里巷的門，後泛指里巷、鄉里。⑤高其義：欽佩他的義舉。高，此處作動詞，表示敬重、欽佩。

【譯文】這樣做了三年後，俞公五十歲了，那是萬曆二年（1574）甲戌，朝廷舉行會試。張居正是內閣首輔大臣，會試結束後，回到家鄉，為兒子挑選老師。人們紛紛推薦俞公，於是俞公被聘請前往京城，他帶著家人一同前往。張首輔敬重俞公的才學人品，因此被允許進入國子學。俞公在丙子年參加了京城鄉試，成功考取功名，次年考中進士。有一天，偶然拜訪了宮內的楊姓太監，楊公公令五個兒子出來拜見俞公，這五個孩子都是他從各地找來，作為自己的養子來娛老的。其中一個兒子的相貌俞公覺得很熟悉，便問了他的籍貫，他說是江西人，小時候誤入糧船，依稀記得自己的姓氏和家鄉，俞公非常驚訝，命令孩子脫下左腳鞋襪，發現雙腳上果然有兩顆痣，與自己兒子完全相符。俞公大喊道：「這是我的兒子！」楊公公也驚訝不已，立刻讓俞公帶著他的回到了住處。俞公的妻子撫摸著兒子大聲哭泣，母子相擁痛哭，兒子用舌頭舔著母親的眼睛，俞公夫人的雙眼重新恢復了光明。俞公悲喜交集，因而不願意再做官，辭別了張首輔，回到了家鄉。張首輔欽佩他的義舉，贈予他豐厚的財物，讓他安心回鄉。

公居鄉，爲善益力。其子娶妻，連生七子皆育，悉嗣書香焉。公手書遇灶神並實行改過事，以訓子孫。身享康壽八十八歲，人皆以爲實行善事回天之報云。

【譯文】俞公閒居家鄉後，做善事更加盡力。他的兒子娶妻後，連續生育了七個孩子都健康成長，並且這些孩子後來都繼承了書香門第的傳統，學識淵博。俞公親手書寫了自己遇到灶神並實際踐行改過自新之事的經歷，以此來訓誡子孫後代。他自己也享得八十八歲的高壽，人們都認為這是他行善積德得到的回報。

前面二則故事，自己體行固妙矣，尤必以之教門人。若謂童子年幼，未必能知，宜將俗言爲之講解。某樣是善，某樣是惡。爲善的如何好，爲惡的如何不好。果然講得眞切，講得明白，雖蒙童亦可行《功過格》也。

【譯文】前面兩個故事，自己身體力行固然很好，但更重要的是要將這些道理傳授給門下的學生。有人可能會說孩童年幼，不一定能理解這些道理，那麼就應該用通俗易懂的語言為他們講解。明確地告訴他們什麼是善行，什麼是惡行；做善事會帶來哪些好處，做惡事會帶來哪些壞處。如果講解得真切、明白，即使是年幼的學生也能按照《功過格》來規範自己的行為。

|《漁樵問對》
|古籍書局
|定價：HK$58

|《漁樵問對淺釋》
|古籍書局
|定價：HK$68

|《觀物內外篇》
|古籍書局
|定價：HK$68

|《村學究語》
|古籍書局
|定價：HK$68

|《朱子讀書法六課》
|古籍書局
|定價：HK$68

|《寒窑賦》
|古籍書局
|定價：HK$58

|《王陽明傳》
|古籍書局
|定價：HK$78

|《大醫問津》
|古籍書局
|定價：HK$88

|《所有發生，皆為你而來》
|古籍書局
|定價：HK$78

|《中國歷代政治得失》
|古籍書局
|定價：HK$280

|《菜根譚》
|古籍書局
|定價：HK$280

|《教子要言　教子圖說》
|古籍書局
|定價：HK$280

|《三字經、百家姓、千字文、弟子規》
|古籍書局
|定價：HK$22

|《大學　中庸》
|古籍書局
|定價：HK$28

|《論語》
|古籍書局
|定價：HK$58

|《孟子》
|古籍書局
|定價：HK$68

|《道德經》
|古籍書局
|定價：HK$28

|《了凡四訓》
|古籍書局
|定價：HK$32

|《聲律啟蒙》
|古籍書局
|定價：HK$28

|《笠翁對韻》
|古籍書局
|定價：HK$28

|《周易》
|古籍書局
|定價：HK$58

|《幼學瓊林》
|古籍書局
|定價：HK$58

|《錢本草》
|古籍書局
|定價：HK$58

|《金花的秘密》
|古籍書局
|定價：HK$48